Mickaël Grall
Hervexx

COMMENT GAGNER AUX PARIS SPORTIFS

À VOS MARQUES... PRÊT ? PARIEZ !

LA MAISON
hachette

À la team « Ocean Three ». Ludo, Alex...
On va y arriver... un jour... peut-être.

Mickaël Grall

BIENVENUE !

Salut à toi, jeune parieur (oui, le parieur est plutôt jeune, il sera tutoyé dans ce livre) ! Si aujourd'hui tu t'es permis de nous contacter (en achetant ce livre, et oui !), c'est pour une raison très simple. Et la question, elle est vite répondue, comme dirait l'autre : tu veux gagner de l'argent avec les paris sportifs.
Cela paraît simple, tout le monde s'y connaît en sport, et les promesses de gain semblent très alléchantes. Alors, pourquoi pas toi ?
Cela paraît simple ? Oui, en apparence. Les sites ou les applications sont faciles à utiliser, les paris les plus simples (le vainqueur d'un match, par exemple) sont proposés immédiatement, il n'y a qu'à valider son pari, et c'est parti.
Tout le monde s'y connaît en sport ? Le football, le tennis, le basket, voire le cyclisme à l'occasion des grands Tours ont beaucoup de fans : qui ne suit pas une équipe de foot ou n'a pas une affection particulière pour un joueur de tennis (par exemple, barbu, français, fan de mojitos et à la langue bien pendue), et serait prêt à miser sur sa victoire (ou sa défaite, pour le joueur de tennis barbu, français, etc.), persuadé que la victoire de son (ou de ses) favori(s) ne peut pas lui échapper aujourd'hui ?
Les promesses de gain sont alléchantes ? Oui, c'est vrai. Les vitrines des cafés et les sites de paris sportifs mettent particulièrement en avant les exploits de parieurs chanceux, comme Jérôme, ce joueur bordelais, vainqueur du plus gros gain de l'histoire en janvier 2021 avec… 902 779 € ! L'histoire est belle. Elle permet à chacun, pendant un instant, de s'imaginer à la place de cet étudiant doté désormais de ce joli pactole ! « Pourquoi pas moi ? » se dit-on alors.

Oui, tout cela est vrai, **MAIS**… car il y a un « mais » et même plusieurs.
Derrière l'apparente simplicité, il y a des chiffres, beaucoup de chiffres. Des cotes, des probabilités, des mises, des statistiques, des tendances, et des paris, beaucoup de paris, parfois jusqu'à 300 pour un simple match de football. Dans ce guide, on va expliquer tout cela, en parlant dans un premier temps de la base : la cote… et tout ce qui en découle ensuite, notamment du choix judicieux d'un bon pari, pris au bon moment, avec la bonne mise.
Derrière la connaissance supposée d'une équipe ou d'un sport, il y a des tonnes d'informations dont tu n'as même pas idée. Et souvent, on surestime sa connaissance (on dit bien qu'en France, il y a près de 70 millions de sélectionneurs de l'équipe de France, et qu'ils ont tous leurs bonnes raisons de choisir tel joueur et d'écarter tel autre) et on met de côté des données importantes. Il faut prendre le temps de bien analyser, d'amasser des infos fiables pour minimiser le risque de perte et d'augmenter la fiabilité de son pari. Comment ? Tout sera expliqué dans ce livre.

Derrière les belles histoires de gains historiques, il y a une réalité moins joyeuse de parieurs en galère, incapables de gérer leurs mises – et leurs émotions – et qui mettent en péril leurs familles, voire leur santé. C'est moins drôle mais cela existe.

Quand on débute dans les paris sportifs, on peut vite prendre de mauvaises habitudes, multiplier les paris, gagner, perdre, gagner et perdre de nouveau, vouloir « se refaire » et tout perdre ensuite. Dans ce livre, on appellera régulièrement au pari responsable. Là encore, avec un peu de méthode, on peut tout à fait s'amuser et gagner de l'argent.

Ce que tu ne trouveras pas dans le livre

Si tu cherches une méthode miracle pour gagner de l'argent :

- rapidement,
- sans efforts,
- à tous les coups...

... tu peux refermer ce livre et passer ton chemin. La méthode « Vue à la TV » infaillible, parfois vendue par des personnes sans scrupules sur le Web et les réseaux sociaux, n'existe pas. On aurait été très heureux de partager avec toi ce filon, mais c'est un leurre, et ceux qui disent le contraire sont des menteurs, peut-être même des escrocs.
Aujourd'hui, les publicités, les belles histoires (réelles) de gains énormes réalisés par quelques veinards te font miroiter la possibilité de toucher le pactole, mais cela arrive rarement. C'est un peu comme jouer à un jeu à gratter ou gagner au Loto. À notre connaissance, il n'existe pas de méthode pour choisir les bons tickets ou cocher les 6 bons numéros tous les samedis, et bien c'est exactement pareil pour les paris sportifs.

Un peu d'histoire (ce sera rapide)

Depuis 2010, le marché des paris sportifs a explosé en France. Après un long monopole de la Française des Jeux (FDJ), de nouveaux intervenants ont pu ouvrir des sites Internet pour pouvoir parier, en ligne et en toute sécurité, sur des milliers d'événements sportifs. Un organisme indépendant, l'ARJEL, a été créé pour réguler et contrôler ce marché, auquel l'Autorité Nationale des Jeux (ANJ) a succédé en juin 2020 avec une autorité accrue et des pouvoirs renforcés : casinos, hippodromes, jeux de la FDJ ou du PMU, jeux en ligne, etc. toutes les composantes du jeu d'argent sont désormais sous la coupe de cet organisme.
Évidemment, on a toujours parié en France : les paris hippiques ont toujours eu le vent en poupe dans notre pays, comme en témoigne encore aujourd'hui la belle vitalité de ce secteur et la densité du réseau d'hippodromes, de la région parisienne à la Normandie, en passant par la Côte d'Azur aux hippodromes ouverts un jour ou deux l'été dans les stations du littoral.
L'avènement des paris en ligne a néanmoins changé la donne, et fait entrer le monde du pari dans une autre dimension. Si on peut en effet toujours continuer à parier sur des courses de chevaux, on peut désormais facilement jouer au poker en ligne (le casino en ligne demeurant interdit), et se lancer facilement dans les paris sportifs, le secteur n° 1 en France aujourd'hui.

Quelques chiffres (et après promis, on rentre dans le vif du sujet !)

Le marché du pari sportif a pris en quelques années une dimension stupéfiante.
De 2018 à 2019, le montant des mises de paris sportifs a explosé, augmentant de 20 % pour atteindre le montant hallucinant des 5 milliards d'euros misés.
Et depuis, ça monte, ça monte, et ça n'arrête pas de monter ! Les derniers chiffres montrent encore une hausse du chiffre d'affaires des opérateurs (calculés en soustrayant les gains versés) de 22 % entre 2019 et 2020, à 1,74 milliard d'euros. Pourtant, l'année avait été amputée de nombreux événements sportifs (Euro de football et Jeux olympiques reportés) et de nombreuses compétitions, notamment les très populaires championnats de football (sauf le championnat biélorusse, sur lequel beaucoup de regards se sont soudain concentrés). En 2020, plus de 5,4 milliards ont été pariés en France, un record sur une année civile.
Les parieurs – et les parieuses – sont en effet toujours plus nombreux à se lancer : plus de 4,4 millions de comptes sont désormais actifs, c'est 1 million de plus qu'en 2019. Certains parieurs ouvrent plusieurs comptes, mais de nouveaux venus viennent régulièrement tenter leur chance. Le montant des mises a ainsi augmenté (+ 6 %), pour le plus grand bonheur des quinze intervenants agréés par l'ANJ. On verra plus tard en détail leur offre, leurs points forts et leurs faiblesses.
Bref, on n'a jamais autant parié en France, et les perspectives de croissance sont régulièrement revus à la hausse par les nombreux acteurs de ce nouveau marché.
Par exemple, en 2020, la finale de la Ligue des Champions entre le Bayern Munich et le Paris Saint-Germain est devenu la seconde rencontre sportive à concentrer le plus de mises depuis l'ouverture du marché avec plus de 31 millions d'euros engagés par les joueurs. Elle est toujours devancée par la finale de la Coupe du Monde de football 2018 entre la France et la Croatie qui avait généré 38,5 millions d'euros de mises.
Si tu savais où tu étais le 15 juillet 2018 au moment du sacre de Moscou, tu te souviens peut-être aussi combien tu as gagné grâce à la victoire des Bleus ce jour-là !

Parieur, qui es-tu ?

Difficile de dresser un portrait-robot du parieur sportif moyen : chacun avec ses trucs, sa façon de jouer, ses préférences, son budget, etc.
On sait tout de même que le joueur-type est un homme (89 % des parieurs), qu'il a moins de 35 ans (63 %) et qu'il habite plutôt en ville ou des agglomérations densément peuplés. Les régions Île-de-France, Hauts-de-France et Auvergne-Rhône-Alpes sont ainsi de grandes pourvoyeuses de joueurs. Ces régions sont aussi pourvues de grands clubs de football, sur lesquels les parieurs/supporters peuvent miser, comme pour les matchs de championnat ou de Coupe d'Europe de Lyon, Paris, Lille, etc. (on vous voit les Marseillais qui s'agitez au fond, on joue aussi beaucoup dans les Bouches-du-Rhône !). Le parieur sportif joue la plupart du temps… uniquement aux paris sportifs (56 %), se focalisant essentiellement sur le football (71 % des mises), le tennis (12,5 %), et le basket (7 %). On assiste aussi à une féminisation de la pratique, avec une augmentation de 38 % des comptes en ligne de joueuses.

Il y a dix ans, la plupart des paris sportifs se faisaient en point de vente de la Française des Jeux. La tendance s'inversait lentement avant que le confinement ne donne un coup d'accélérateur aux paris sportifs en ligne, aujourd'hui majoritaires (70 %). La qualité des sites internet agréés et le design séduisant de leurs applications ont fait le reste, on y reviendra en détail. 90 % des joueurs en ligne jouent d'ailleurs *via* les applis de leur smartphone ou de leur tablette.
Un tiers des parieurs joue moins de 30 € par trimestre, la moitié moins de 100 € et les ¾ moins de 300 €, ce qui correspond à des paris récréatifs. 28 % des joueurs ont une activité plus soutenue avec plus de 300 € joués par trimestre. 5 % des parieurs ont misé plus de 3 000 €.
Et ces joueurs, que gagnent-ils ? Difficile de trouver des statistiques fiables. On sait juste que, bon an mal an, 85 % des mises sont reversés en gains. C'est une obligation légale en France. Cela peut paraître beaucoup, mais il faut aussi savoir que seule une partie des parieurs profitent de cette manne. Et oui, **95 % des joueurs sont perdants**.

NOS INVITÉS

Dans le livre, tu pourras aussi avoir le regard de journalistes, de parieurs ou d'analystes. Tous authentiques passionnés, ils et elles apporteront leur point de vue sur les différents aspects du pari sportif.

Ce guide, pour quoi faire ?

Comprendre les paris sportifs, déjouer les pièges, optimiser ses gains, choisir les méthodes de paris les plus adaptées, découvrir de nombreuses stratégies dans les principaux sports et, au final, te faire rentrer dans le cercle des parieurs gagnants, voici les objectifs de ce guide.
Tu n'as jamais placé un pari ? Tu joues régulièrement mais tu perds ? Tu gagnes mais tu aimerais gagner plus ?
Dans ce guide, on va justement t'**apporter des réponses simples pour faire partie des 5 % de joueurs gagnants**. Nous aimons le sport, et nous aimons vibrer sur des grands événements sportifs ou le match de dimanche prochain de notre équipe favorite. Le pari sportif permet de donner une nouvelle dimension à sa passion, tout en respectant le jeu, les sportifs, et la part d'incertitude liée à ce pari. « *La glorieuse incertitude du sport* » : voilà qui fait le charme d'un événement sportif, non ? Ce tir sur la barre à la 95e minute qui ruine tes chances de gain, ou qui te sauve par miracle. Ce joueur de tennis qui n'arrive pas à gagner malgré 5 balles de match. Rageant, mais c'est le sport ! Il faut accepter cette part d'incertitude, elle existe et existera toujours. Le PSG battra 9 fois sur 10 un promu, mais il fera nul ou même perdra la rencontre une 10e fois... peut-être au moment où tu auras choisi de jouer le PSG gagnant, ce « coup sûr » pour toi.
Les paris sportifs, c'est sérieux. On joue de l'argent, son argent, et il ne faut pas faire n'importe quoi avec. On peut espérer améliorer ses revenus, pourquoi pas, mais – on

se répète – on ne devient pas riche grâce aux paris. Certains professionnels vivent de ce métier : saches qu'ils sont rares et très expérimentés. Nous ne jouons pas dans la même cour.

Avec ce guide, **tu vas apprendre à gagner des paris, mais aussi à bien perdre**. Perdre un pari ne sera jamais grave ou embarrassant pour tes comptes (et cela ne doit jamais l'être). Il suffit de suivre quelques règles simples !

Si tu veux rendre ton expérience « paris sportifs », ludique, amusante, et raisonnablement gagnante, alors tu es au bon endroit. Bienvenue !

PARTIE 1

APPRENDRE À JOUER

En préambule

Dans cette première partie, nous allons te prendre la main et t'accompagner tranquillement vers ton premier pari. Si tu es déjà un joueur aguerri, ne néglige tout de même pas la lecture des pages suivantes car on oublie souvent quelques règles de base indispensables. Peut-être même as-tu pris quelques mauvais réflexes qui t'empêchent de parier sereinement aujourd'hui ? Rien de grave, on peut toujours modifier son comportement. Dark Vador l'a fait, tu peux le faire.

Après un rapide point sur le lexique de base du parieur, nous allons tout d'abord apprendre à te cerner, pour t'aider à déterminer ton profil de parieur. Pas d'inquiétude, il ne s'agit pas de se lancer dans une enquête digne d'un magazine scientifique, et aucune information ne sera revendue, mais plutôt d'apprendre à **mieux se connaître**, avec pour objectif ensuite de mieux parier, avec une somme à accorder avec tes moyens financiers. Ce sera un des moments du livre où on te rappellera de ne jamais jouer plus que tu ne peux perdre. Et on te le répétera à l'envi.

Ensuite, on va examiner avec toi **l'ensemble de l'offre des opérateurs de paris** existante aujourd'hui : une offre variée, avec des propositions d'inscription souvent très alléchantes. Tu pourras ainsi faire le choix le mieux adapté à tes besoins, que tu optes pour un opérateur en ligne ou pas. Cerise sur le gâteau, tu pourras bénéficier grâce à ce livre d'offres bonus encore plus sympas que celles proposés habituellement par les *books* (l'un des autres noms des opérateurs de paris en ligne, 5 lettres contre 5 mots, on dira *book* désormais) : bref, on te dira tout.

Place ensuite à un passage super important : le choix de la somme à allouer aux paris, et la gestion de cette somme, qu'on appelle banque, ou *bankroll*. La **gestion de banque**, c'est le nerf de la guerre, le 1er commandement, le b.a.-ba du parieur, « plat du pied-sécurité ». Simple. Basique. Si tu paries, il faut gérer sa banque, et bien sûr tâcher de faire fructifier ce capital. Et on ne fait pas n'importe quoi avec son argent.

Puis, on va t'expliquer **comment fonctionne un pari**. Question simple à laquelle on répondra avant : qu'est-ce qu'une cote ? Et oui, tiens donc, c'est quoi, comment ça se construit, qui la choisit, comment, etc. De cette info essentielle, on va ensuite dérouler la pelote et **décrire l'ensemble des paris disponible**, un maquis dense et hostile qu'on va cartographier. S'y balader sera ensuite un jeu d'enfant, et le BTTS et le Mymatch n'auront plus de secrets pour toi.

Fort de ces connaissances, on pourra alors ensuite t'aider à **placer ton premier pari**. Un premier pari, c'est toujours spécial, car il souvent lié – si tu choisis de jouer en ligne – à une promotion, avec plusieurs stratégies possibles.

AVANT DE PARIER

Un peu de vocabulaire

Pour être sûr de bien parler la même langue ensemble, voici quelques définitions rapides de mots que tu vas retrouver souvent dans le livre :

Bank : somme allouée par un joueur aux paris sportifs.

Bookmaker ou Book : société de paris sportifs agrée.

Bonus : offre promotionnelle temporaire d'un book.

Carte : liste des paris du jour.

Confiance : pari sur lequel tu estimes la probabilité de réussite élevée.

Cote : indice chiffré qui permet d'établir le gain d'un pari. Comme sur un match de football pour le résultat de la rencontre. Voici, par exemple, sur ce match de Série A italienne. Pour 1 euro joué, la victoire de la Lazio Rome rapportera 1,28 € au joueur, le match nul entre les deux formations 6,30 €, et la victoire de Crotone 10 €.

Ici, le parieur a choisi de parier sur un match nul. Pour une mise de 1 €, le gain espéré est de 6,30 €, conformément à la cote annoncée par le book. En cas de victoire de la Lazio ou de Crotone, le pari sera perdu, et son gain nul.
Plus une cote est haute, plus le book estime que la probabilité que l'événement se déroule est faible. Au contraire, plus elle est basse, plus il estime que cette probabilité est élevée.
– Une cote est une probabilité. La cote de Crotone à 10 se lit 10/1 (10 contre 1). Cela signifie que le book estime la probabilité de victoire de Crotone de (100/10) : 10 %.

– La Lazio Rome a les faveurs du book. Il estime environ à 100/1,28, c'est-à-dire 78 % ses chances de victoire.

– Le match nul est valorisé à 6,3/1, c'est-à-dire que le book estime cette probabilité à 100/6,3, soit 15,8 %.

Les cotes sont ajustées en permanence par les books selon les montants joués sur chaque résultat, mais aussi pour des raisons publicitaires, pour inciter les joueurs à parier sur un événement.

Istanbul Basaksehir - Besiktas 12/03 17:00 Turquie, Süper Lig	Résultat du match Istanbul	Match Nul	besiktas
	4,05	3,50	1,75

Sur le match suivant, les probabilités sont respectivement de 24,7 %, 28,5 % et 57,1 % selon les books.
Comme tu peux le constater, le pourcentage de chances n'est jamais égal à 100, car les books prennent aussi une commission au passage.
On reviendra sur cette notion de cote, page 44.

Combinaison (ou combo) : pari multiple effectué sur plusieurs événements. Ce peut être, par exemple, un combo sur les deux matchs comme ci-dessous.

Lazio Rome - Crotone 12/03/2021 - 15h00	Mon pari : Résultat du match **Match nul**	**6,30**
Basaksehir - Besktas 12/03/2021 - 17h00	Mon pari : Résultat du match **Match nul**	**3,50**

Mise total : 1,00 €
Gain potentiel
Cote totale :
22,05
22,05
Pari en cours

On peut voir que sur cette combinaison de résultats (deux matchs nuls) sur les deux rencontres, **les cotes se multiplient** : la cote est désormais de 6,30 × 3,50, soit 22,05 € de gains potentiels pour 1 € misé. Plus la combinaison est longue, plus la cote va mécaniquement s'élever.

Cashout : possibilité offerte au parieur de retirer son pari gagnant avant la fin de l'événement, afin de sécuriser son gain, contre l'acceptation d'une perte de gain, plus ou moins importante selon l'événement, la durée de jeu, le contexte de la rencontre, etc. Ainsi, après 15 minutes de jeu lors du match Lazio-Crotone, le book propose un cashout de 0,53 € pour 1 € joué. Libre au joueur d'accepter ou pas cette proposition.

Cash out

Voulez-vous faire un Cashout de votre pari d'un montant de :

0,53 €

Non   Oui

Le montant du cashout évolue régulièrement au fur et à mesure de la rencontre. Si le résultat se confirme, le montant du cashout sera de plus en plus élevé au fur et à mesure de la rencontre.

Malheureusement pour le parieur, la Lazio Rome marque un but. Le book ajuste immédiatement le montant du cashout et ne propose donc plus que 0,21 €. Logique ! La chance de voir la rencontre se conclure par un match nul est désormais plus faible.

Lorsque Crotone égalise, le montant du cashout augmente immédiatement. Les chances de voir le match se conclure sur un match nul viennent d'augmenter. Mais il reste 60 minutes de jeu, le score peut encore évoluer, et le montant du cashout reste inférieur, avec ce book, au montant de la mise initiale.

Le cash out est une offre exclusivement disponible en ligne, il n'y a pas de cashout pour les paris en point de vente physique.

Live betting ou live : pari placé pendant une rencontre sportive, après le coup d'envoi ou le départ.

Pari gratuit (ou freebet) : pari offert par le book.

Pari pré-live : pari sportif pris avant le début de l'événement.

Pari ou Bet simple : pari sportif effectué sur un seul événement sportif.

Value Bet : pari dont la cote a été surestimée par le book, selon tes observations.
Pas d'inquiétude, on reparlera de toutes ces notions en détail dans le livre.

Un joli cashout

À force d'habitude, les parieurs expérimentés ont des réflexes.
Prenons l'exemple du 23 janvier 2019 où le joueur parisien Neymar se blesse lors d'un match de Coupe de France face à Strasbourg ; grâce à sa connaissance du monde du foot (et après une rapide vérification), le parieur (ici Hervexx) sait que, 10 jours plus tard, le PSG se déplace à Lyon. Neymar est l'un des joueurs clés du PSG, et son excellente forme explique en partie le début de saison incroyable de son équipe. Mais, à Lyon, contre un adversaire avide d'exploit, prêt à faire tomber le club de la capitale, le match s'annonce « compliqué ».
Chez son book Internet habituel, dix jours avant le match donc, Hervexx se rend compte que la cote pour une victoire de Lyon est de 5.50. Une cote excellente. Au même moment, un journaliste annonce en direct que la blessure est sérieuse. Neymar risque donc de manquer ce match. Il faut agir vite.

50€ sur la victoire de Lyon sont immédiatement pariés. Car d'expérience, Hervexx sait que la cote va baisser suite à la blessure de Neymar !

Effectivement, dès le lendemain, la cote de Lyon baisse fortement. Au point que le cashout proposé est supérieur à notre mise !

Le jour du match approchant, la cote baisse, pour finir à 3,50. Soit un écart de 2 entre un pari placé dix jours avant et celui placé le jour J.
Avec, à la clé, la possibilité de réaliser un joli cashout et un gain avant même le coup de sifflet de l'arbitre.

Évidemment, tout cela est lié à **une bonne prise d'informations**, un point crucial abordé dans la partie II.

Quel type de joueur suis-je ?

Établir ton profil de joueur : voici l'objectif de ce rapide sondage. Réponds-y rapidement, et le plus sincèrement possible.

→ 1. Es-tu déjà allé au casino ?
→ 2. Joues-tu régulièrement à des jeux de grattage ?
→ 3. Tu aimes défier un ami avec le début de phrase : « Je te parie que... » ?

Majorité de oui : profil **J**oueur +++ (oui, on part du principe que tu as un profil déjà joueur si tu as ce livre entre les mains).
Majorité de non : profil **P**arieur (et oui, tu as ce livre entre les mains, il faut suivre !).

→ 4. As-tu déjà acheté un objet *via* le téléachat ?
→ 5. Après un petit gain à un jeu, tu rejoues dans la foulée ?
→ 6. Pour toi, tenir ses comptes n'a aucune d'importance ?

Majorité de oui : profil **I**mpulsif, prêt à dégainer la CB rapidement !
Majorité de non : profil **A**visé, plus posé.

→ 7. Au café entre amis, la première tournée est toujours pour toi ?
→ 8. Es-tu mal à l'aise au moment de négocier un prix, ou au moment où quelqu'un veut négocier avec toi ?
→ 9. Laisses-tu souvent la petite monnaie à la boulangerie ou l'épicerie de ton quartier ?

Majorité de oui : profil **C**igale, plutôt généreux et pas très près de ses sous.
Majorité de non : profil **F**ourmi, un centime est un centime, cornegidouille !

Aucun jugement de valeur de notre part ici, surtout après un sondage aussi « light », mais qui donne quelques tendances, et permet d'établir 8 profils.

OBJECTIF PAF

Entre le JIC et le PAF, c'est toute une palette de parieurs qui se présente, plus ou moins rigoureux, plus ou moins posés. Mais, tu l'auras deviné, nous espérons qu'après la lecture de ce livre, le maximum de parieurs soit dans le profil PAF, c'est-à-dire un **parieur avisé et « fourmi »** dans sa gestion de banque.

Où et comment jouer ?

Il existe deux façons de parier :

- En point de vente Française des Jeux, au café-tabac près de chez toi.
- Sur internet auprès d'un des books.

	Avantages	Inconvénients
Point de vente	• Lien réel et concret avec l'argent. • Pas de traces bancaires (si paiement en liquide). • Pas de limitation des mises. • Retrait immédiat des gains en espèces (si montant inférieur à 300 €).	• Pas de cashout possible. • Moins de paris disponibles. • Horaires d'ouverture à respecter. • Pas d'offre de bienvenue spécifique.
Book Internet	• Choix de paris étendus. • Meilleures cotes. • Possibilité de parier à tout moment. • Suivi plus aisé des paris et de leur historique. • Possibilité de parier en live. • Cashout possible. • Possibilité de mettre en place des plafonds de dépôts et de mises hebdomadaires	• Argent plus virtuel. • Flux bancaires visibles. • Phénomène d'addiction plus fort. • Paris « coups de tête » plus faciles. • Limitations de mise et de retraits dans certains cas (non-respect des CGV, gains trop élevés obtenus par un parieur).

Le dernier inconvénient des books a dû te faire bondir. Comment ça ? Tu risquerais de ne pas pouvoir retirer tes gains quand tu le souhaites ? Le monde des paris est encore en pleine maturation, et on a pu constater ici ou là les témoignages de certains joueurs gagnants – pas beaucoup, heureusement – qui ont éprouvé les pires difficultés avant de pouvoir retirer leurs gains, ou ont vu leurs mises limitées. Si les relations avec le book *via* son service client sont infructueuses, le médiateur de l'ANJ, de plus en plus vigilante sur ces sujets, est chargé de faire le lien entre les joueurs et les books. Saisir le médiateur est très simple. Cet intervenant neutre et impartial permet un règlement à l'amiable de tout litige, avant toute action en justice. Voici l'adresse du site à contacter : https://mediateurdesjeuxenligne.fr/

→ Si tu es un profil PIC ou JIC, nous te conseillons, pour le moment, de jouer dans un point de vente physique, près de chez toi. Tu n'auras pas ainsi la tentation de jouer 24 h/24, 7 J/7 de chez toi ou de ton smartphone : tu seras obligé de te déplacer et d'avoir un rapport plus réel avec le pari. Il sera temps ensuite, après avoir suivi les conseils de ce livre, d'ouvrir un compte en ligne.
Jouer en point de vente est aujourd'hui très simple. Plus de 3 millions de joueurs parient de cette manière. Il suffit de demander la liste des paris disponibles à son buraliste. À chaque match ou rencontre sportive, un numéro est attribué : coche ce

numéro sur le bulletin et, en face, indique le résultat espéré. Choisis la mise, valide ton bulletin, et le tour est joué.
Mieux encore, depuis 2019, *via* l'application Parions Sport Point de Vente, ou avec une application comme Pronosoft, tu peux avoir accès à une plus grande variété de paris : FDJ a ainsi lancé son service de QR Code en points de vente *via* une technologie accessible depuis des applications mobiles. Le joueur prépare son pari sur son smartphone par l'intermédiaire d'une application agréée, puis un QR code est généré, et il suffit ensuite de le scanner en point de vente pour valider le pari. Le joueur paye le pari en point de vente et se voit remettre un ticket, puis il collecte son gain éventuel en point de vente (pas nécessairement le même). Au-dessous de 300 €, cette remise se fait en espèces ; au-dessus de cette somme, il faut se munir d'un RIB.

→ Pour les autres profils : tu peux ouvrir un compte en ligne auprès d'un book agréé. La procédure d'inscription est très simple : il suffit de renseigner son identité, puis d'envoyer une preuve de celle-ci, *via* l'application ou le site, et le tour est joué. Un code de confirmation est alors envoyé par courrier par le book pour valider définitivement ton compte.
Mais attends un instant avant de te ruer sur un site pour déposer ton argent et placer un pari ! Nous allons te donner un peu plus loin des astuces pour bien choisir ton book, et profiter au mieux des différentes promotions proposées.

→ Tu as aussi la possibilité de combiner les deux, paris en ligne et en point de vente.

LES BANQUES ET LES PARIS

Si parier est tout à fait légal, il faut reconnaître que cette activité n'est pas, aux yeux de certains, suffisamment respectable. Parier est encore assez mal vu, c'est vrai.
Ainsi, ta banque peut s'émouvoir de voir apparaître sur ton compte des opérations de dépôt trop régulières à son goût. En cas d'acquisition d'un bien, par exemple, être un parieur régulier peut être mal vu et défavoriser un dossier. Prudence donc.
Tu peux, pour plus de discrétion, utiliser les services d'un porte-monnaie électronique. Des services, comme Skrill, par exemple, sont spécialisés dans les dépôts de fonds vers les sites de jeux en ligne. Tu peux aussi ouvrir un compte Nickel, que tu dédieras aux paris. Cette offre est notamment disponible sur les points de vente FDJ, et te permet de jouer plus discrètement, sans le regard de ton banquier au-dessus de ton épaule.
Attention à ne pas perdre de vue qu'il s'agit toujours de ton argent, et que des dépôts trop réguliers ne sont pas un bon signe de gestion de tes paris.

Quelle somme jouer ?

Une règle d'or (pour mettre immédiatement fin au débat) : **on ne joue aux paris que des sommes que l'on peut se permettre de perdre**. Oui, nous allons tout faire pour que le maximum de paris soit gagnant, mais une mauvaise série, cela arrive, un pari mal ajusté aussi, et une grosse surprise constituera toujours le lot de n'importe quel

parieur. Il faut donc partir du principe que cette somme est réservée aux paris, et peut donc être potentiellement perdue. Évidemment, ce montant est variable selon les joueurs : chacun son budget, ses priorités, ses envies.
Prudence donc, notamment pour les profils se finissant en IF, moins sensibles à cette notion de volatilité de l'argent.
Il faut aussi **jouer selon ses moyens financiers**. On voit encore trop souvent des joueurs ne pas maîtriser ce principe et se mettre en difficulté, ce qui est regrettable.

L'ŒIL DES PARIEURS

Les parieurs responsables te le répéteront : « prudence » comme le dit @BdlDom, analyste spécialiste basket, trop de parieurs « se brûlent encore les ailes » dans les paris.

Cadre, célibataire, intérimaire, étudiant, chef d'entreprise, ouvrier, célibataire, avec enfants ou pas, etc. Il existe une multitude de profils de parieuses et de parieurs. Loin de nous l'idée de te dire quelle somme jouer, tu es majeur, adulte, et donc tu dois être capable de bien évaluer cela.
Beaucoup de sites proposent un dépôt de 100 € et un premier pari remboursé à cette hauteur. Absolument rien ne t'y oblige. Si tu décides que tu peux déposer chez un book 20, 30 ou 50 €, libre à toi, c'est déjà une belle somme. Sache que, en moyenne, 72 % des parieurs misent 100 € maximum par mois. Même si ta banque de départ est inférieure à cette somme, elle ne t'empêchera pas faire fructifier ton capital, que l'on appelle la banque, ou bankroll ou **bank**.
Après tout, beaucoup d'entre nous ont vécu jusque-là sans jamais parier, et ne s'en portaient pas plus mal : cette absence de paris ne les a pas empêchés de vibrer sur des belles rencontres sportives, au contraire. Si les paris peuvent apporter un peu de sel à un match de football ou de tennis, il ne faut pas oublier que cela n'est que du sport, et que parier ne doit rester qu'un plaisant passe-temps.
On trouve des joueurs avec des banques à 100, 1 000, 10 000 €... voire plus. Certains joueurs ont mis du temps pour se construire de telles banques, tu verras comment au chapitre 7 de cette partie. Mais avant cela, commence par choisir le book qui te correspond le mieux.

Ouvrir son compte en ligne et profiter du bonus

Tu l'as compris : jouer en ligne n'est peut-être pas bon pour tout le monde. Il faut avoir les nerfs solides, éviter quelques pièges, et garder une certaine distance avec son smartphone et son application de paris : trop parier est une erreur classique, et nous verrons au chapitre 7 que la gestion de banque permet d'éviter ce redoutable écueil.
Cela dit, les applications sont pour la plupart très bien faites, et permettent – pour la plupart d'entre elles – une navigation fluide et sans accrocs.

> ## UN MARCHÉ TRÈS CONCURRENTIEL
>
> Avec quinze acteurs actifs, le parieur n'a que l'embarras du choix aujourd'hui. Trois books dominent aujourd'hui assez largement le marché : Betclic® (24 %), Unibet® (22 %) et Winamax® (22 %) constituent effectivement un solide trio de tête, pendant que Zebet® (8 %), FDJ (6 %) et PMU (5 %) forment un second trio, un peu en retrait. Le reste des opérateurs se partagent le reste du (très beau, et de plus en plus gros) gâteau.
>
> Source : rapport LFP Guide d'utilisation à destination des « référents paris sportifs » – estimation CK Consulting.

Ce qui caractérise et différencie les sites de paris sportifs

Nous avons retenu les critères suivants :

La valeur du bonus de bienvenue

Tous les sites offrent un bonus de bienvenue. Le mécanisme est très simple. Une fois l'argent déposé, tu places ton premier pari. S'il est gagnant, tu empoches le gain. S'il est perdant, le site propose un remboursement (partiel, total, immédiat ou différé, en cash ou en paris gratuits, selon le site).
Nous ferons un comparatif de tous les bookmakers et de la meilleure offre possible pour toi.

Remboursement du 1er pari

Comment ce bonus est remboursé (cash, paris gratuits, etc.).

Le montant minimum du dépôt

Une fois le premier dépôt effectué, si tu souhaitais déposer de l'argent par la suite, le montant minimum est différent selon les sites (de 5 à 15 € minimum).

> ## MISE / DÉPÔT : MODE D'EMPLOI
>
> - Un dépôt est une somme d'argent qui transite de votre compte bancaire ou votre porte-monnaie électronique vers le book.
> - Une mise est une somme jouée sur un pari, simple ou combiné.
>
> Sois attentif à cette subtilité, surtout au moment de l'inscription et du mode de remboursement. Parfois, il est lié au montant du premier dépôt effectué sur le site, parfois au montant de la première mise. On le précise à chaque fois.

La facilité de retrait des gains et la rapidité du virement

Les retraits peuvent être automatiques : dans ce cas, dès qu'un plafond, défini par toi, est atteint, la somme au-dessus de ce plafond est viré sur ton compte. Par exemple, tu

décides que ton plafond de retrait est de 200 €. Après un gain, ton compte présente un solde de 233 €, 33 € seront donc automatiquement virés sur ton compte.
Ces retraits peuvent aussi être manuels. Tu décides simplement du montant et du moment.
Chaque site a aussi un délai de virement vers ton compte plus ou moins long, une fois le retrait des gains effectué.

L'offre de paris proposés

Suivre une course cycliste, c'est bien ; parier sur autre chose que le vainqueur uniquement, c'est mieux. Là aussi, certains books font mieux que les autres.

La qualité des cotes

Des différences notables peuvent exister entre différents books. Pour cette raison, les joueurs aguerris ont souvent plusieurs comptes afin de « prendre » la meilleure cote possible.

Le cashout

Le cashout permet de retirer ses gains – avec une décote – avant la fin de certains paris éligibles. Oui, tous les paris ne sont pas concernés par cette option, et le cashout est meilleur chez certains books.

Exemple : tu as parié sur le match nul entre deux équipes de football, avec une mise de 10 pour un gain espéré de 30. À 10 minutes de la fin du match, il y a toujours 0-0. Le book te propose un cashout de 20 €. Le choix est simple : sécuriser le gain ou prendre le risque de voir l'une des deux équipes marquer dans les derniers instants, et de perdre donc ta mise.

La présence de grilles

En plus de l'offre en point de vente physique, avec les grilles de la Française des Jeux, certains books proposent aussi leurs propres grilles... ou pas.

Les jeux sportifs/fantasy

En plus des paris et des grilles, certains books proposent des jeux complémentaires de type fantasy (comme le Jeu de l'Entraîneur chez Winamax,° avec parfois des sommes rondelettes à la clé.

L'ergonomie du site

Il s'agit ici de noter la qualité visuelle du site, et sa facilité d'utilisation. Parce qu'un site clair et beau, c'est tout de même plus agréable !

Allez c'est parti, on vous décortique chaque opérateur, par ordre alphabétique !

BARRIERE BET
barrierebet.fr

Ce casinotier de premier plan est aussi le dernier arrivé sur le marché des paris sportifs en France. Casinos et cercles de jeux ont souffert de la pandémie, et le jeu en ligne est une nouvelle source de revenus pour cet acteur ambitieux.

Valeur du bonus de bienvenue	250 € maximum
Remboursement du 1er pari	150 € en deux fois (après le pari perdant et après validation du compte)
Autres remboursements	50 € en cash back les 30 premiers jours, 50 € en cash back les 30 jours suivants, selon le montant misé, donc 100 € en cash back total
Dépôt minimum	5 €
Offre de paris proposés	Très bonne
Composer son propre pari	Non
Qualité des cotes	Bonne
Cashout et qualité du cash out	Oui / Non testé
Grilles	Non
Jeux sportifs « Fantasy »	Non
Ergonomie du site	Bonne
Rapidité du paiement de paris et des gains	Excellente
Live TV	Non
Le QR code pour t'inscrire (avec 10 € offerts)	

Notre synthèse

Le dernier-né a vite compris le fonctionnement des paris. Le site est agréable, l'expérience aussi.

Le bonus est le plus attractif du marché. Cerise sur le gâteau : un coffret cadeau Expérience Barrière (d'une valeur de 249 €) offert à 5 nouveaux joueurs par mois, après tirage au sort.

Seuls bémols : l'absence de grilles et la qualité des cotes qui peuvent encore s'améliorer.
Barriere Bet partage sa licence de paris avec VBET et Pasino Bet donc tu ne peux pas t'inscrire sur le site si tu es déjà inscrit sur l'un des deux autres.

BETCLIC
betclic.fr

Betclic est un acteur essentiel du pari en France, un des leaders avec Winamax et Unibet. Il est, depuis la saison 2020/2021, la plateforme officielle des Ligues professionnelles de football françaises.

Valeur du bonus de bienvenue	100 €
Remboursement du 1er pari	100 € en une fois, en paris gratuits, que le pari soit gagnant ou perdant !
Autres remboursements	Non
Dépôt minimum	10 €
Offre de paris proposés	Excellente
Composer son propre pari	Non
Qualité des cotes	Excellente
Cashout et qualité du cash out	Oui / Moyen
Grilles	Non
Jeux sportifs « Fantasy »	Non
Ergonomie du site	Excellente
Rapidité du paiement du pari et des gains	Excellente
Live TV	Oui
Le QR code pour t'inscrire	

Notre synthèse

Une ergonomie irréprochable au service d'une expérience très conviviale. Idéal pour les parieurs exclusifs, à la recherche de belles cotes… et de beaux gains !
Seul reproche à faire, la faiblesse de l'offre cashout et l'absence de grilles.

BWIN
bwin.fr

Un des anciens leaders du marché à l'ouverture de l'Arjel (ex-ANJ) en 2010, devenu plus discret en France, avec une offre et une visibilité moindre.

Valeur du bonus de bienvenue	120 €
Remboursement du 1er pari	120 € en une fois, en paris gratuits
Autres remboursements	Non
Dépôt minimum	5 €
Offre de paris proposés	Bonne
Composer son propre pari	Non
Qualité des cotes	Bonne
Cashout	Oui
Grilles	Non
Jeux sportifs « Fantasy »	Non
Ergonomie du site	Très bonne
Rapidité du paiement de pari et des gains	Bonne
Live TV	Oui

Notre synthèse

Site agréable mais qui n'a pas beaucoup évolué par rapport à ces années de leadership, dans les années 2000/2010.
On déplore l'absence de grilles et des cotes pas la hauteur des meilleurs books.

FEELING BET
feelingbet.fr

Un site 100 % français lancé en 2013. Feelingbet est un site édité par France Pari SAS et sa filiale Sportnco en collaboration avec une société française, la Feeling Publishing SARL.

Valeur du bonus de bienvenue	300 €
Remboursement du 1er pari	50 € en une fois, en paris gratuit
Autres remboursements	Jusqu'à 250 € offerts sur vos paris cumulés pendant 5 mois (cash back)
Dépôt minimum	10 €
Offre de paris proposés	Bonne
Composer son propre pari	Non
Qualité des cotes	Moyenne
Cashout	Oui
Grilles	Oui
Jeux sportifs « Fantasy »	Non
Ergonomie du site	Bonne
Rapidité du paiement de pari et du virement	Non testé
Live TV	Non

Notre synthèse

Points négatifs : Faiblesse de l'offre bonus (seulement 50 € remboursés). Les 250 € sont très compliqués à obtenir au niveau cashback. Les cotes proposées sont moyennes.

Points positifs : l'ergonomie du site et les grilles !

FRANCE PARI
france-pari.fr

Un site 100 % français, basé à Toulouse, lancé en 2008. France Pari est un acteur historique, présent depuis 2010 avec la plateforme Sportnco.
Cette plateforme équipe aujourd'hui certains des concurrents de France Pari tels que Zebet, PMU, NetBet ou Feeling Bet, preuve de son savoir-faire.

Valeur du bonus de bienvenue	150 €
Remboursement du 1er pari	100 € en paris gratuits
Autres remboursements	50 € offerts en cashback (après 500 € de mises)
Dépôt minimum	10 €
Offre de paris proposés	Bonne
Composer son propre pari	Non
Qualité des cotes	Moyenne
Cashout	Oui
Grilles	Oui
Jeux sportifs « Fantasy »	Non
Ergonomie du site	Bonne
Rapidité du paiement et du virement	Bonne
Live TV	Non
Le code pour t'inscrire, avec 10 € de freebet sous 48 h dès ton 1er paris validé	AVMPP2021

Notre synthèse

Bel effort de l'offre de bonus (100 € remboursés + 50 € en cashback) + site 100 % français + ergonomie sympa du site + grilles proposées = un bel acteur sur le marché français !
Dommage pour les cotes moyennes et l'absence de live TV.

GENYBET
genybet.fr

Un acteur historiquement qui se concentre sur sa cible principale, les turfistes. Genybet Sport propose donc le strict minimum *via* son offre de paris sportifs.

Valeur du bonus de bienvenue	50 €
Remboursement du 1er pari	50 € en paris gratuits
Autres remboursements	Non
Dépôt minimum	5 €
Offre de paris proposés	Moyen
Composer son propre pari	Non
Qualité des cotes	Moyen
Cashout	Non
Grilles	Non
Jeux sportifs « Fantasy »	Non
Ergonomie du site	Moyen
Rapidité du paiement de pari et du virement	Non testé
Live TV	Non

Notre synthèse

Offre de paris limitée, cotes basses, aucune innovation (cashout, fantasy ou grilles). Il y a mieux, donc.

JOABET
joabet.fr

Acteur historique bien discret depuis 2010, JOABET a évolué récemment avec une offre de bienvenue « 1er pari » très intéressante.

Valeur du bonus de bienvenue	100 €
Remboursement du 1er pari	100 € en cash
Autres remboursements	50 € en jetons au casino + un repas d'une valeur de 50 € dans un établissement JOA
Dépôt minimum	10 €
Offre de paris proposés	Bonne
Composer son propre pari	Non
Qualité des cotes	Moyen
Cashout	Oui
Grilles	Non
Jeux sportifs « Fantasy »	Oui
Ergonomie du site	Très bonne
Rapidité du paiement de pari et du virement	Bonne
Live TV	Non

Notre synthèse

Un bonus « 1er pari » au niveau de ceux de Winamax et PMU + 100 € à dépenser au casino : voilà un bel effort et une réelle volonté de conquérir des joueurs. Beau programme de fidélité et des tournois entre membres JOABET rende le book attractif.

Points négatifs : cotes moyennes et l'absence de grilles. Et il manque une appli !

NETBET
netbet.fr

Présent depuis 2011 en France, NETBET est en collaboration avec SportNco (France Pari). Ce book propose un bonus « 1er pari » parmi les meilleurs du marché, c'est son point fort.

Valeur du bonus de bienvenue	150 €
Remboursement du 1er pari	150 € en paris gratuits en 2 étapes (après le pari et après validation de votre compte)
Autres remboursements	Non
Dépôt minimum	10 €
Offre de paris proposés	Bonne
Composer son propre pari	Non
Qualité des cotes	Moyenne
Cashout	Oui
Grilles	Oui
Jeux sportifs « Fantasy »	Non
Ergonomie du site	Bonne
Rapidité du paiement de pari et du virement	Bonne
Live TV	Oui

Notre synthèse
Net Bet fait partie des bons sites du milieu de tableau des bookmakers.
Bonus intéressant, présence de cash out, grilles, etc. Un site complet, donc.
Mais la qualité des cotes est moyenne... Dommage, peut mieux faire !

PARIONS SPORT EN LIGNE
parionssport.fdj.fr

La FDJ, acteur historique du pari, dispose du monopole du pari en point de vente avec un réseau exceptionnel. Son site est en amélioration constante.

Valeur du bonus de bienvenue	150 €
Remboursement du 1er pari	Remboursement en paris gratuit (30 % après le résultat du premier pari) Remboursement des 70 % restants à la confirmation du compte
Autres remboursements	Non
Dépôt minimum	5 €
Offre de paris proposés	Bonne
Composer son propre pari	Non
Qualité des cotes	Bonne
Cashout	Oui
Grilles	Non
Jeux sportifs « Fantasy »	Non
Ergonomie du site	Bonne
Live TV	Oui
Rapidité du paiement de pari et du virement	Bonne
Le QR code pour t'inscrire	

Notre synthèse

Un des meilleurs bonus classiques du marché (150 € offerts), un site qui évolue dans le bon sens et régulièrement.
Dommage pour les grilles, proposées en point de vente mais pas en ligne. Les cotes sont un peu en deçà de celles des trois leaders du marché.

PASINOBET
pasinobet.fr

Un nouvel intervenant venu du monde du casino avec des ambitions, et des ambassadeurs aussi différents que Jean-Pierre Papin et Bengous, entre autres.

Valeur du bonus de bienvenue	100 €
Remboursement du 1er pari	110 € en paris gratuits en 3 étapes (10 € offerts sans dépôt après validation + 50 € après le premier pari perdant et 50 € après la validation de votre compte)
Autres remboursements	Non
Dépôt minimum	5 €
Offre de paris proposés	Bonne
Composer son propre pari	Non
Qualité des cotes	Très bonne
Cashout	Oui
Grilles	Non
Jeux sportifs « Fantasy »	Non
Ergonomie du site	Bonne
Rapidité du paiement de pari et du virement	Non testé
Live TV	Non

Notre synthèse

Bonus classique avec 10 € offerts sans dépôt, idéal pour les petites banks.
Très bonne cote sur le foot (notamment sur la Ligue 1).
Pasinobet partage sa licence de paris avec VBET et Barriere Bet donc tu ne peux pas t'inscrire sur le site si tu es déjà inscrit sur l'un des deux autres.
Sinon, pas de LIVE TV ni de grilles. Dommage...

POKERSTARS SPORTS
pokerstarssports.fr

Ce leader du poker en ligne a un peu plus de mal à s'imposer sur le marché du pari. Il faut dire que la concurrence y est rude ! Mais l'opérateur dispose de beaux atouts.

Valeur du bonus de bienvenue	100 €
Remboursement du 1er pari	100 € en paris gratuits
Autres remboursements	15 € pour le poker
Dépôt minimum	10 €
Offre de paris proposés	Bonne
Composer son propre pari	Non
Qualité des cotes	Bonne
Cashout	Oui
Grilles	Non
Jeux sportifs « Fantasy »	Non
Ergonomie du site	Moyenne
Rapidité du paiement de pari et du virement	Bonne
Live TV	Non

Notre synthèse

Anciennement nommé BetStars, le site leader du poker en ligne POKERSTARS essaie de tirer son épingle du jeu sur le marché des paris sportifs avec des ambassadeurs de renom, comme l'ancien footballeur et présentateur TV David Ginola. Il pâtie cependant d'une ergonomie faiblarde et de l'absence de grilles et de jeux fantasy. À noter : les meilleures cotes du marché sur les paris football de type « Vainqueur + nombre de buts » sur les équipes favorites des grandes affiches de Ligue des Champions et des grands championnats sont sur PokerStars Sports.

PMU
pmu.fr

Acteur historique en France, PMU est présent depuis 2010. Cet ancien leader du marché (et de loin, avec 80 % de parts de marché en 2011 !) est toujours présent et actif.

Valeur du bonus de bienvenue	100 €
Remboursement du 1er pari	100 € en cash après confirmation du compte
Autres remboursements	Non
Dépôt minimum	5 €
Offre de paris proposés	Très bonne
Composer son propre pari	Non
Qualité des cotes	Bonne
Cashout	Oui
Grilles	Non
Jeux sportifs « Fantasy »	Oui
Ergonomie du site	Bonne
Rapidité du paiement de pari et du virement	Bonne
Live TV	Non

Notre synthèse

PMU fait partie, après les leaders, des sites où il faut être inscrit. Beaucoup de promotions, de jeux, de concours. Incontournable pour les parieurs fans d'hippisme. Les cotes ne sont pas forcément au niveau, et il n'y a pas de grilles, à revoir... L'identification (par numéro client) mériterait d'être simplifiée.

UNIBET
unibet.fr

L'offre d'Unibet.fr s'appuie sur trois valeurs fondamentales que sont la passion, l'expertise et le divertissement. Acteur des paris sportifs depuis 2011 en France (anciennement EurosportBet) avec son offre de LiveBetting et de Livestreaming, Unibet a obtenu pendant trois ans le prix de Meilleur Opérateur de Paris sportifs en Europe.

Valeur du bonus de bienvenue	100 €
Remboursement du 1er pari	100 € en paris gratuits en 2 étapes (50 % après le 1er pari et 50 % après validation)
Autres remboursements	Non
Dépôt minimum	5 €
Offre de paris proposés	Excellent
Composer son propre pari	Non
Qualité des cotes	Excellente
Cashout	Oui
Grilles	Non
Jeux sportifs « Fantasy »	Non
Ergonomie du site	Excellente
Rapidité du paiement de pari et du virement	Bonne
Live TV	Oui
Le QR code pour t'inscrire	

Notre synthèse

Un incontournable. Unibet fait partie des trois meilleurs sites niveau offres de paris et cotes.

Seuls bémols : l'absence de grilles et de jeux fantasy.

VBET
Vbet.fr

Voici un nouvel acteur sur la scène du pari sportif, avec Youri Djorkaeff comme ambassadeur de luxe.

Valeur du bonus de bienvenue	150 €
Remboursement du 1er pari	150 € en 2 étapes (50 % après le 1er pari perdant et 50 % après validation de votre compte)
Autres remboursements	Non
Dépôt minimum	5 €
Offre de paris proposés	Très Bonne
Composer son propre pari	Non
Qualité des cotes	Très bonne
Cashout	Oui
Grilles	Non
Jeux sportifs « Fantasy »	Non
Ergonomie du site	Bonne
Rapidité du paiement de pari et du virement	NSP
Live TV	Non

Notre synthèse

De très bonnes cotes, sur le foot notamment.

Vbet partage sa licence de paris avec Pasino Bet et Barrière Bet donc tu ne peux pas t'inscrire sur le site si tu es déjà inscrit sur l'un des deux autres.

En revanche, pas de Live TV ni de grilles.

WINAMAX
winamax.fr

Un des leaders du marché, compétitif et attractif.

Valeur du bonus de bienvenue	100 €
Remboursement du 1er pari	100 € en cash
Autres remboursements	Non
Dépôt minimum	10 €
Offre de paris proposés	Excellent
Composer son propre pari	Oui, *via* le système My Match
Qualité des cotes	Excellente
Cashout	Oui
Grilles	Oui
Jeux sportifs « Fantasy »	Oui
Ergonomie du site	Excellente
Rapidité du paiement de pari et du virement	Très bonne
Live TV	Oui

Notre synthèse

« Wina », c'est du solide. L'application et le site sont optimisés. Le 1er remboursement est fait en cash, sans chichis ; le niveau des cashout (probablement le meilleur du marché) et la présence des grilles et des jeux de type fantasy en font un incontournable.

Attention aux grilles, moins pratiques à utiliser et à partager, notamment sur l'application smartphone.

ZEBET
zebet.fr

Un acteur historique du marché, présent depuis 2010 en France. Dans le Top 5 des sites de paris sportifs.

Valeur du bonus de bienvenue	150 €
Remboursement du 1er pari	100 € en paris gratuits et 50 € mises perdantes sur 30 jours (10 % des mises perdantes remboursées)
Autres remboursements	Non
Dépôt minimum	15 €
Offre de paris proposés	Très bonne
Composer son propre pari	Non
Qualité des cotes	Bonne
Cashout	Oui
Grilles	Oui
Jeux sportifs « Fantasy »	Non
Ergonomie du site	Bonne
Rapidité du paiement de pari et du virement	Bonne
Live TV	Non
Le QR code pour t'inscrire	

Notre synthèse

Une offre très complète notamment sur les sports mineurs. Zebet est incontournable après les trois leaders. Beaucoup de promotions, des grilles, etc. L'ensemble est attractif.

La qualité des cotes gagnerait à être améliorée. Dommage…

Tu as désormais toutes les cartes en main pour faire ton choix !
En plus des bonus de bienvenue, tu peux aussi bénéficier d'un bonus supplémentaire, spécialement pour toi, ô heureux lecteur, en flashant le QR/Code ou le lien présent dans la case « Votre lien bonus pour s'inscrire ».

À SAVOIR

Tous les sites refusent les paris simples ou combinés avec des cotes inférieures à 1,10 et/ou avec une mise inférieure à 0,10 €. En revanche, un pari combiné avec une ou plusieurs cotes inférieures à 1,10 sera tout à fait valable si la cote totale est supérieure à 1,10.
Les gains sont aussi limités, et chaque site se réserve le droit de refuser son engagement, si, par exemple, un joueur a beaucoup parié avec une majorité de mises à 1,4. N'hésite pas à te référer aux conditions générales de chaque book en cas de doute.
Chaque joueur a aussi la possibilité de réguler sa pratique, en limitant son montant de dépôt et de mise hebdomadaire, ou en s'auto-excluant de manière temporaire du site : une façon comme une autre de prendre ses distances, si nécessaire, avec des paris qui prendraient trop de place dans ta vie quotidienne.

Ouvrir un... deuxième compte !

Cette étape est tout à fait facultative dans un premier temps. Le plus important, c'est de bien choisir ton book principal, celui qui te correspond le mieux, avec les critères qui sont à tes yeux important.
En revanche, dans un second temps, quand tu auras bien compris les mécanismes du pari (après la lecture du merveilleux ouvrage que tu as entre les mains), ouvrir un autre compte est tout à fait pertinent.
Et ce, pour plusieurs raisons :

- Profiter d'un nouveau bonus de bienvenue.
- Augmenter éventuellement ta banque en remportant le premier pari.
- Choisir la meilleure cote possible, en faisant une simple comparaison entre tes books.
- Bénéficier des promotions ou d'offres de paris gratuits plus régulièrement.

La gestion de banque

La *bankroll* est l'argent que vous allez pouvoir réserver à l'usage unique des paris sportifs. Tu as vu que ce choix devait se faire selon tes propres critères. Il est important d'être lucide sur ce montant à engager, même s'il est très facile – si tu ne te sens pas à l'aise dans cet environnement – de retirer ta mise et de clore ton compte à tout moment.

Règle n° 1 de la bankroll : on pense toujours à sa bankroll.
Règle n° 2 de la bankroll : on pense toujours à sa bankroll.

Tout simplement parce que la gestion de ta banque, c'est l'élément le plus important de ta vie de parieur. C'est comme sur une voiture : tu peux rouler très vite, mais si tu ne passes pas un coup d'œil régulier sur la jauge d'essence, gare à la panne… et même les plus belles voitures tombent en panne.

L'ŒIL DU SPÉCIALISTE

Le point de vue de Wandrille Goubet, cofondateur de House of Bets, le site qui vous aide à gérer votre bank.

« La bankroll, c'est comme toutes les tâches pénibles de la vie. On sait très bien qu'il faut le faire mais c'est tellement barbant que peu de gens le font. La bankroll, c'est la tasse de café qui traîne sur ton bureau depuis une semaine, c'est le voyant qui clignote sur ton tableau de bord. Tu sais qu'il faut le faire mais tu n'en as pas envie.

*Il faut aussi réaliser que les bookmakers communiquent beaucoup sur le fait que les paris sportifs peuvent rendre riches du jour au lendemain (*insérer ici un pseudo* a gagné 18 000 € ce week-end grâce à son super combiné ! / Tous les gagnants ont tenté leur chance. Etc.). Et beaucoup de gens parient pour ça ! Tenir une bankroll, c'est accepter l'idée que tu ne seras pas millionnaire demain grâce aux paris. Le déclic mental n'est pas évident.*

Tant que les parieurs ne comprennent pas le fonctionnement des paris, ils penseront pouvoir devenir millionnaires demain et ils ne tiendront pas de bankroll. Il faut donc se former, avoir de la rigueur, du temps, de la patience. On en revient au problème initial : ce n'est pas facile et c'est pénible. »

Ce passage du livre est particulièrement important si tu as un profil de Joueur, car la gestion de banque est l'aspect le moins naturel du pari, le plus contraignant aussi. **Gérer sa banque est pourtant essentiel : voici un exemple concret pour t'expliquer pourquoi**.

Maxime a misé 100 € pour son premier pari et remporté un joli gain. Sa banque est désormais de 230 €. Fort de ce joli succès, il rejoue dans la foulée 100 € et gagne de nouveau, portant sa banque à 290 €. En confiance, il mise 200 € sur un coup sûr, un match de tennis de son joueur préféré. Mais le match ne se déroule pas comme prévu et son favori perd. Sa banque passe à 90 €. Déçu, il veut rapidement se rattraper et joue son solde sur un match de football le soir même. Nouvelle désillusion car ce pari est de nouveau perdu. Maxime n'a plus d'argent.

Cette histoire, de nombreux parieurs l'ont vécu. Et c'est bien simple, notre bon Maxime a tout fait de travers !

Erreur n° 1 : *Fort de ce joli succès, il rejoue dans la foulée 100 € et gagne de nouveau, portant sa banque à 290 €.*

→ Jouer immédiatement après un gain, parce que c'est « trop facile » et que la « confiance » est là ? NON.

Erreur n° 2 : *En confiance, il mise 200 € sur un coup sûr, un match de tennis de son joueur préféré. Mais le match ne se déroule pas comme prévu et son favori perd.*

→ Jouer immédiatement après un gain, parce qu'on a « la main chaude » ? NON.

Erreur n° 3 : *mises de 100 €, puis de 200 €* :

→ Jouer des mises trop élevées par rapport à sa banque ? NON.

Erreurs n° 4 et 5 : *Déçu, il veut rapidement se rattraper et joue son solde sur un match de football le soir même.*

→ Jouer la totalité de sa banque ? NON.

→ Jouer immédiatement après une perte, pour « se refaire » ? NON.

Nul doute que notre bon Maxime est un JIC patenté. L'exemple te paraît exagéré ? Pas si sûr. De nombreux parieurs expérimentés sont passés par cette phase, et nombre de nouveaux parieurs l'expérimentent à leurs dépens tous les jours. **Casser sa banque – c'est-à-dire avoir un solde à 0 € – comme Maxime et de nombreux parieurs, c'est à éviter absolument.**

On ne blâme personne ici, tout le monde fait des erreurs, même les meilleurs ; Platini et Socrates ont manqué leur pénalty en 1986 durant le magique France-Brésil 1986, Lionel Messi aussi a manqué le sien en Ligue des Champions contre le PSG en 2021, Rafael Nadal a perdu contre Robin Soderling en 1/8e de finale de Roland Garros en 2009, et Raoul et Robert vous ont bien battu contre le cours du jeu au concours de pétanque local la semaine dernière. Pas de souci ! Il faut juste corriger le tir en suivant quelques commandements ou, si tu débutes, prendre tout de suite de bonnes habitudes.

Commandement n° 1 : choisis un pari, gagne-le... et savoure tes gains.

Un gain, qui plus est un joli gain comme celui enregistré par Maxime, c'est une sensation agréable, cela peut être même grisant. Oui, les publicités de gains faramineux sont très attirantes, avec leurs promesses de gains faciles, avec des pactoles incroyables touchées par des heureux parieurs. Comme ce joueur vainqueur d'un incroyable combiné de vingt matchs où, avec seulement 1 € de mise, plus de 30 000 € ont été remportés. Ces belles histoires existent, tant mieux pour les vainqueurs, mais elles relèvent d'un énorme coup de chance. Statistiquement, ce joueur avait surtout 99,99 % de perdre ! Ne te laisse pas leurrer par cela, c'est ce que font trop de parieurs. Maxime a gagné, mais son réflexe n'est pas le bon.

Il faut donc parieur peu mais bien. Les paris, c'est un peu comme au casino. Tu te souviens peut-être de cette scène du film *Casino* de Martin Scorsese où Robert De Niro – patron d'un superbe établissement de Las Vegas – se rend compte qu'un de ses gros clients s'apprête à partir après de gros gains obtenus à la roulette ? De Niro fait alors le nécessaire – en empêchant son client de partir en hélicoptère comme prévu, sous un prétexte fallacieux – pour empêcher son client de partir, s'excuse platement de ce désagrément, lui offre la plus belle suite, attendant patiemment que son client revienne miser gros aux tables de jeu… et perde finalement tout !

Donc : choisis un pari, gagne-le…et savoure tes gains. Ne cherche surtout pas à rejouer dans la foulée, fort de cette confiance qui peut aveugler. Dis non à Robert qui te dit de revenir jouer, même s'il te fait « *une offre que tu ne vas pas pouvoir refuser* ».

Commandement n° 2 : évite de jouer sans réflexion ni analyse.

Car voilà ce qui arrive alors. Jouer, rejouer immédiatement, sans réflexion, cela se paye. La chance te quitte, une surprise survient, et c'est la douche froide contre toute attente. De plus, Maxime joue son joueur de tennis préféré, celui qu'il n'aimerait pas voir perdre évidemment. Jouer son joueur ou son équipe de cœur, cela peut avoir des avantages, car on connaît bien ses forces et ses faiblesses, mais cela peut aussi altérer ton jugement. Qui aime voir ses favoris perdre ? Personne !

Donc : évite de jouer sans réflexion ni analyse, et quand ce sont tes sportifs favoris qui jouent, abstiens toi. Il y a tellement d'autres paris disponibles, où ton affect n'entrera pas en ligne de compte. Privilégie-les.

Commandement n° 3 : joue toujours selon le niveau de ta bank initiale.

Les mises jouées par Maxime sont bien trop hautes. Si son premier pari, joué avec la garantie de pouvoir récupérer sa mise, était légitime, il faut ensuite ajuster ses mises en fonction de sa banque, en allouant un pourcentage à chaque pari. On va donc parler de % de mises par pari, et l'une des règles essentielles, c'est de ne jamais parier plus de 5 %. Ici, Maxime et ses mises de 100 et 200 € explosent les compteurs.
On considère, de manière générale, qu'il faut jouer entre 0,5 % et 3 % de sa banque sur un pari, rarement plus, parfois moins pour des paris plus risqués.
Maxime aurait donc dû se mettre en mode **« Gestion de Banque »** et miser en fonction de celle-ci. Par exemple, pour son deuxième pari, il n'aurait dû miser que 2 €. Oui, les gains sont évidemment moins attirants, mais ce niveau de mise permettra à Maxime de **jouer sur le long terme** et de préserver sa banque des aléas des paris.
En jouant 50 paris plutôt que 4, tu permets en effet à un biais statistique, la variance, de faire son job. La variance, qu'est-ce-donc ? Par définition, un pari n'est jamais sûr, ne l'oublies pas. Si tu joues, par exemple, uniquement des paris cotés à 2, c'est-à-dire où tu as 1 chance sur 2 de gagner, et même si tu as mis toutes les chances de ton côté, tu ne remporteras pas tous tes paris. Les meilleurs parieurs le savent : la variance fait partie du jeu, et la seule façon de l'apprivoiser, c'est de gérer sa banque.
Cette méthode simple permet de préserver ton niveau de banque en diminuant les risques.

Donc : joue toujours selon le niveau de ta bank initiale.
Ta bank a diminué ? Garde le cap et n'augmente pas tes mises pour te « refaire ».
Ta bank a augmenté ? Tant mieux, continue sur cette voie, ta stratégie est la bonne.

Commandement n° 4 : ne joue jamais ta bank d'un seul coup.

En toute logique, si on doit limiter son niveau de mise, on ne doit donc jamais jouer sa bankroll d'un seul coup : réservez cela aux joueurs de poker qui annoncent « Tapis ! » et misent tous leurs jetons en une seule fois. Maxime décide le contraire et, après un pari perdant, sa banque est à 0 €. Ce qui l'oblige à déposer de nouveau de l'argent sur son compte pour pouvoir jouer. Mais cette fois-ci, plus d'offre de bienvenue, plus de paris gratuits en cas de déconvenue.
Suis désormais les commandements, cher Maxime ! Oh, il existe d'autres types d'erreurs, on y reviendra en détail dans la seconde partie du livre. Mais si tu arrivais à bien intégrer ces premiers préceptes de gestion de banque, jeune padawan, ta formation tu aurais bien débutée.

L'AVIS DES PRONOSTIQUEURS

TOUS les pronostiqueurs sérieux que nous avons sollicités estiment que la gestion de banque est le secret de leur réussite et de leur longévité. C'est le cas par exemple de @Torresbetting, pour qui c'est l'aspect le plus important dans les paris.
Chacun son truc : @Outsiderbet mise systématiquement 1 unité par mise avec une bankroll comportant 100 unités, soit 1 % de sa banque.
Pour @Punter et @nou_pronosoft, créateur du fantastique site Pronosoft, la mise de base est de 1 % de sa banque pour 80 % des paris, sans jamais dépasser le seuil de 5 %, une mise de toute façon exceptionnelle pour eux.
Concrètement, pour un parieur comme @lightpronos, qui a une banque de 10 000 €, son pari de base est donc de 100 €, et la mise maximale qu'il s'autorise de 500 € (5 % de sa banque).

La gestion de banque, c'est la seule façon de faire partie des parieurs gagnants, ces fameux 5 % de parieurs qui réussissent. Ils gèrent leur argent des paris comme un compte classique, en modérant les dépenses, optimisant les gains, en réduisant les risques.

Quels sont les indicateurs fiables et reconnus pour bien gérer sa bank ?
– Mise moyenne : mises engagées / Nombre de paris. Un indicateur pour vérifier si tu contrôles bien ton niveau de mise.

– Cote moyenne : somme des cotes des paris / Nombre de paris. Pour se situer, à mettre en parallèle avec le ROI.

– Réussite (%) : nombre de paris gagnés / Nombre de paris engagés. Indicateur à manier avec prudence. On peut avoir un très faible taux de réussite et gagner de l'argent... et inversement.

– ROC (Return on Capital) : (Bénéfice/Capital) × 100 : ce taux te permet de calculer le bénéfice financier par rapport à ton capital de départ.

– ROI (ou Yield) : (Return on Investment) : (Bénéfices/Mises cumulées) × 100 : un indicateur-clé, qui te permet de t'assurer de la bonne rentabilité de tes paris. Un ROI est jugé fiable après 500 paris environ. Un ROI de 10 % est jugé exceptionnel, 7 % excellent... mais un ROI de 3 % est déjà très bon.

Voici un exemple concret :
Ton capital initial est de 200 €. Tu décides de miser 2 € à chaque pari, sur une cote fixe à 1,80. Tu décides de faire le point après 80 paris. Tu en as gagné 52.
Ton total de mises = 80 × 2 = 160 €
Tes gains = 52 × (1,8 × 2) = 187,2 €
Ton bénéfice = 187,2 – 160 = 27,20 €
Ton taux de réussite = (52/80) × 100 = 65 %
Ton ROC = (27,2/200) × 100 = 13,6 %
Ton ROI = (27,2/160) × 100 = 17 %

Ce parieur a un excellent bilan pour le moment. Sa gestion de bank est optimale, ses choix aussi. Ses indicateurs financiers sont donc excellents. Mais ils doivent être confirmés sur le long terme désormais. Sur des longues séries de paris, la variance (une notion statistique, qui pointe l'irrégularité des résultats obtenus) lisse les résultats. Des outils de gestion, comme celui proposé par House of Bets, vous permettent de calculer automatiquement ces données... et de voir si tu es dans le juste. **Surveille surtout ton ROI, c'est l'indicateur le plus pertinent.**

PERDRE DES PARIS ET GAGNER DE L'ARGENT

La gestion de banque a aussi un autre avantage : en pariant avec des mises identiques sur des cotes élevés, des parieurs gagnent de l'argent uniquement tout en perdant une majorité de paris.
Prenons un exemple avec un parieur qui ne joue que des cotes à 3.5, avec des mises fixes de 10 €. Il lui suffit donc de remporter un pari sur trois pour être dans le vert !
Le taux de réussite est donc un indicateur à manier avec prudence, privilégies plutôt la lecture de ton ROI, c'est un indicateur bien plus parlant.

Tu peux assouplir cette règle de la bankroll avec le système de la **mise variable**. C'est très simple. Il s'agit d'un système de mise adapté à ton budget, et à ta réussite – ou pas – du moment. Supposons que ta bank soit de 100 €, le principe est de miser toujours le même pourcentage de mise – disons 2 % à chaque pari.
Si le pari est réussi, le prochain pari sera toujours joué avec une mise de 2 %, non pas calculé sur une base de 100 €, mais sur le nouveau montant de la bank. Si le 1er pari avec une mise de 2 € est gagnant et porte par exemple ta bank à 110, tu joueras ensuite un pari de (110 × 2 %) = 2,2 € (et non 2 € dans une gestion de bank classique)
Si le 1er pari est perdant, tu devras par contre jouer (100 – 2) × 2 % = 1,96 €.
L'avantage de ce système : adapter les mises à sa réussite du moment, et ainsi parier plus longtemps, sur la durée.
La gestion de bankroll est donc indispensable pour réussir dans le monde des paris sportifs. Les paris, justement, comment ça fonctionne vraiment ?

LES PARIS

Les cotes

Qui dit paris dit cotes, chers amis ! C'est un peu le nerf de la guerre cette histoire. En parlant d'histoire... Les hommes ont toujours parié, on n'a vraiment rien inventé. Pendant l'Antiquité, lors des courses de quadrige par exemple, ou même sur des combats à mort entre animaux ou entre hommes. Mais ce sont ces messieurs les Anglais qui ont vulgarisé les paris dès 1795, et Harry Ogdon, inventeur d'un système de cotes pour les courses hippiques. C'est que le sport était alors en plein essor. De nombreuses disciplines, notamment le football, ont été créés ou codifiées au cours du XIXe siècle, et sont ensuite devenues de véritables phénomènes de société, en Angleterre puis dans le monde entier.
Ce mouvement s'est naturellement accompagné de son corolaire du « *betting* », et la systémisation de l'utilisation des cotes pour rendre cela accessible et clair pour tous les parieurs. En France, le Pari Mutuel Urbain (PMU), né en 1931, a permis aux parieurs qui ont choisi le bon cheval de se partager un pot commun, selon sa cote. Aujourd'hui, le langage des cotes est de plus en plus populaire.

Tu l'as compris au début de ce livre (voir pages 12-13), la cote permet de transformer une statistique en donnée parlante pour tout le monde. C'est ce qui est utilisé dans le monde des courses hippiques depuis des dizaines d'années, et désormais dans l'univers des paris sportifs.
Une cote doit pouvoir être évaluée à un Moment M, puis M+1, M+2. Car une cote peut varier, et parfois de manière considérable. C'est ce qui est arrivé en 2021 avec le match de Ligue 2 entre Clermont et Chambly. La cote de Clermont a soudain baissé quand ont été officialisés plusieurs cas de COVID dans l'équipe adverse. Seuls les parieurs les plus réactifs ont pu parier sur Clermont à une cote intéressante, avant qu'elle ne baisse et rende le pari bien moins attractif.

Ce qu'il faut retenir :
- Une cote est une évaluation statistique.
- Une cote peut varier.
- Plus une cote est élevée, plus le gain potentiel est élevé, plus le risque est élevé.

Et à chaque pari, sa cote.

Les paris : ce qui est autorisé, ce qui est interdit en France

En France, l'ANJ publie une liste de sports et de pays sur lesquels les opérateurs peuvent proposer des paris. Par exemple, tu ne pourras pas parier sur du curling ougandais ou du football malgache. Oui, tu es déçu mais pas de problème, l'offre est tout de même vaste et permet de trouver son bonheur ! De toute façon, nous allons te conseiller de

parier sur des disciplines que tu connais, donc pas de regret. Et si tu es fan de curling, il faudra attendre les prochains Jeux Olympiques pour pouvoir parier malheureusement. Certains types de paris sont interdits en France, comme le Betting Exchanges (on parie contre un autre parieur) ou les Spread Betting (on parie sur un événement, par exemple le nombre de buts d'un match, et plus le parieur est proche du résultat final , plus il gagne, et plus il est loin du résultat final , plus il perd).
Certains paris (deviner le nombre de corners ou de cartons dans une rencontre de foot par exemple) ne sont pas agréés par l'ANJ, mais disponibles dans d'autres pays. Une parieuse comme Marie, alias @pronostiqueuses, joue ces paris en Belgique, un pays avec une réglementation plus souple sur ces questions que la France.

LES PARIS ILLÉGAUX, UNE RÉALITÉ

Si l'ANJ n'autorise pas les paris sur tous les sports, tous les pays, et pour les compétitions amateures, c'est notamment pour éviter des tentations – réelles – de trucage de paris de la part de personnes mal intentionnées.
Le crime organisé européen et surtout asiatique se retrouve régulièrement au cœur de paris illégaux, pour des matchs de tennis (des joueurs semi-pros français ont été impliqués) ou de football, en Asie, en Afrique essentiellement. L'imagination des criminels est sans limite : en 2010, une fausse équipe de joueurs togolais s'était présentée au Bahreïn pour un match international : la défaite sans surprise (pour certains) avait ainsi profité à des parieurs peu scrupuleux.
De manière générale, plus il y a de paris proposés, plus le risque de matchs truqués augmente. C'est pourquoi les paris « nombre de corners » ou « nombre de cartons rouges » dans un match, par exemple, ne sont pas autorisés en France, car le régulateur estime qu'un joueur peut facilement agir sur des actions anodines pour faire gagner des sommes souvent considérables à des complices.
L'UEFA et la FIFA ont aussi mis en place un système de détection, et la Ligue de Football Professionnel utilise le système Sport Radar pour analyser toutes les transactions de paris suspects sur la Ligue 1 et la Ligue 2. Les sportifs n'ont naturellement pas l'autorisation de jouer en leur nom.

Le premier pari, un pari pas comme les autres

Selon le choix de ton book, tu dois savoir que les modalités de remboursement du premier pari sont différentes : certains remboursent ce premier pari en *cash*, d'autres en *freebet*.

Cash ou Freebet ?

Effectivement, tu peux être remboursé en cash, avec un versement directement sur ton compte parieur de la somme misée, ou en paris gratuits, appelés aussi freebets.
On suggérera à un parieur débutant de choisir un book « pari remboursé en cash ». Tu n'en est qu'au début de ton aventure, tu ne sais pas si tu vas vouloir continuer. C'est donc ici la solution zéro risque. Elle permet aussi de se familiariser tranquillement avec le site, sans rentrer dans la mécanique un peu particulière des freebets.

COMMENT UN FREEBET FONCTIONNE ?

Si les freebets permettent de parier sans engager l'argent du parieur, il faut transformer ce freebet en argent en gagnant un pari.
Prenons un exemple : tu disposes de 100 € de paris gratuits que tu décides de jouer.
Un match de football t'intéresse. La cote de ce pari est de 2. Si ce pari était un pari habituel, les gains possibles seraient de 100 × 2 = 200 €. Mais il s'agit d'un freebet, le gain possible n'est ici que de (100 × 2) – 100 € = 100 €.
C'est quelque chose qu'il faut systématiquement avoir en tête lorsqu'on joue un freebet. C'est très intéressant car cela n'engage pas son argent, et il est alors amusant de jouer des paris un peu plus risqués, mais il faut une cote supérieure à 2 pour pouvoir transformer la mise au même niveau de cash. Si la cote est inférieure à 2, cela n'est plus le cas.
Si tu choisis de jouer 100 € sur une cote à 1,5 par exemple, le gain espéré est de (100 x 1,5) – 100 = 50 €.
En mode freebet, à cote égale, tu devras donc jouer encore au moins un pari pour obtenir un gain égal à un pari « normal ».
Tu comprends mieux maintenant pourquoi la stratégie du premier pari remboursé est différente selon le type de remboursement.

La stratégie sur le premier pari

→ Stratégie « Zéro risque »

Actuellement, trois books remboursent en cash vos paris (Winamax, PMU et Joabet) et vous permettent de retirer votre argent sans conditions de cote ou de mise. Si tu as une stratégie court terme, que tu ne veux pas prendre de risques avec ton argent, nous te conseillons de tester l'un de ces deux opérateurs, et de tenter de parier sur une grosse cote. Sur un malentendu ça peut marcher, et ce pari risqué peut passer ! Pari simple, pari combiné, peu importe la forme de ce pari. Tu es remboursé dans la foulée en cas d'échec, pas de stress.

C'est ce que l'on a testé en 2015 pour un premier pari avec une cote à 8, et ça a plutôt bien marché, non ?!

Pays-Bas - Eredivisie
Ajax Amsterdam - AZ Alkmaar

Résultat : Alkmaar
5,20

Coupe Afrique des Nations - Demi-finales Ghana - Guinée équatoriale

Résultat : Ghana
1,65

Mise : **100,00 €**
Gain potentiels : **858,00 €**

La même réussite nous a accompagné en 2016 à l'inscription chez un autre opérateur, avec un pari combiné de 2 matchs nuls, avec une cote à 11,16... et des jolis gains à l'arrivée. Alors pourquoi pas toi ?

Football - ligue 1
Saint-Etienne - Dijon

Résultat : Nul
Cote : 3,6

Football - ligue 1
Rennes - Bordeaux

Résultat : Nul
Cote : 3,1

Mise : **100,00 €**
Gain : **858,00 €**
Cote : **11,16**

→ Stratégie sécurisée

Comme le dirait Guy Roux, « *faut pas gâcher* » ce bonus (serais-tu un profil PAF par hasard ?) et tu veux tout mettre en œuvre pour que ce premier pari passe ?
L'objectif ici est de doubler ta mise et d'augmenter ta banque, avec une stratégie sécurisée.
Si tu as choisi un book avec remboursement en pari gratuit du 1er pari, c'est la stratégie que l'on te recommande.
Si tu as une petite banque, ce peut aussi être ta stratégie, quel que soit type de remboursement de ce premier pari.

On te suggère de tenter une cote à 2 maximum. Certains parlent de pari « *safe* » (« sûr » en anglais) car avec une probabilité forte de réussite (1 chance sur 2 ou plus), mais le pari sûr, cela n'existe pas : et oui, tous les jours, des paris avec une cote à 1,2 ou 1,3 sont perdants.
C'est pourquoi nous préférons parler de stratégie sécurisée, car c'est sur la durée que cette stratégie sera payante. Ce pari avec une cote autour de 2 peut te permettre, en cas de succès, de doubler ta banque, et d'asseoir tranquillement ton histoire avec ton nouveau book.

1er PARI ? LA MEILLEURE OFFRE POUR PARIEUR EXPÉRIMENTÉ

Si tu es un parieur plus expérimenté, va prendre le plus gros bonus qui existe aujourd'hui en remboursement freebet... et cash !
C'est chez le book Barrière Bet que ça se passe, avec un bonus de 250 € pour les nouveaux inscrits.
Ce bonus Barriere Bet se décompose en 2 parties :
- ton 1er pari est remboursé jusqu'à 150 € s'il est perdant.
- 100 € supplémentaires sont à récupérer en cashback pendant les 2 périodes de 30 jours suivants ton inscription.

L'ŒIL DE L'INFLUENCEUSE

Lors d'un Lyon-PSG le 3 février 2019, Hervexx avait pu suivre le match avec l'influenceuse @carla_ginola (Instagram). La fille de l'ancien international David Ginola est passionnée de sport et de football en particulier. Carla a placé avant le match son premier pari.

Les duels entre Lyonnais et Parisiens sont souvent très serrés, et l'équipe lyonnaise avait de sérieux atouts pour faire tomber les Parisiens pour la première fois de la saison. Pourtant, les Parisiens étaient sur un nuage en cette saison 2018/2019, qu'ils avaient entamée avec 14 victoires consécutives. Seules deux formations avaient réussi à arracher un match nul. Au match aller, ils avaient atomisé Lyon sur le score de 5-0 ! Mais toute série a une fin, non (voir partie 2) ? Hervexx avait ainsi parié sur la victoire de Lyon quelques jours avant le match. Carla, pour son premier pari, voulait une cote à deux chiffres, afin de maximiser ses gains. Et ce premier pari remboursé était sans risque.

Une cote à deux chiffres avec un pari simple, pas simple justement ! Hervexx voit la victoire de Lyon, mais aussi Paris (meilleure attaque du championnat) marqué, comme la saison passée où Lyon s'était imposé sur le score de 2 buts à 1. *Bis repetita* ? Il suggère à Carla de parier sur le score exact 2-1, avec une cote à 12. Carla parie 50 €. La suite ?

LYON - PARIS-SG

Ligue 1 03/02/19

Lyon 2 - 1 Paris-SG

Moussa Dembele 33'
Nabil Fekir 49' (P)

Ángel Di Maria 7'

Les paris simples

Il s'agit d'un pari sur un seul événement. On les appelle aussi pari sec.

Les paris simples 1 N 2

Dans un **pari simple de type 1/N/2, il faut deviner le vainqueur d'une rencontre sportive : 1 pour une victoire de l'équipe n° 1, N en cas de match nul, et 2 pour une victoire de l'équipe n° 2. C'est le pari** le plus simple et aussi l'un des plus fréquents. C'est d'ailleurs souvent le pari présenté en premier par les books. Très simple, facilement compréhensible, c'est le pari idéal du débutant. Son fonctionnement a été expliqué en début d'ouvrage, suis un peu !

Le pari 1/N/2 est typiquement le pari des sports collectifs, de type football, rugby, handball, basketball. Au football, la probabilité de N est cependant bien plus forte que dans les autres sports collectifs, et c'est un choix entre trois possibilités qui est offert au parieur, comme on l'a vu. Pour les têtes en l'air, cela se présente comme ça.

Milan AC - Manchester United
21:00 Europa League

Résultat du match		
Milan AC	**Match Nul**	**Manchester**
3,65	3,60	2,05

Au handball et au rugby, les matchs nuls sont un peu moins fréquents, et le choix est souvent à faire entre le 1 (victoire de l'équipe à domicile) et le 2 (victoire à l'extérieur). Dans les sports américains que sont le basketball et le football américain, le choix va se porter sur un 1 ou 2, même si un Nul est possible à la fin du temps réglementaire mais les books privilégient – et les parieurs plébiscitent – le pari **« Vainqueur du match »**. En effet, dans les sports américains, un nul a pour conséquence des prolongations automatiques, car un vainqueur doit nécessairement être proclamé.

Atlanta Hawks - Oklahoma City Thunder
00:30 États-Unis, NBA

Résultat du match	
Atlanta Hawks	**Oklahoma City Thunder**
1,36	3,35

Dans ce cas, on se retrouve dans le même cas de figure qu'un match de tennis : il « suffit » de trouver le vainqueur du match.

Fucsovics, Marton - Rublev Andrey
18:30 ATP 500 Dubaï

Résultat du match	
Fucsovics, Marton	**Rublev Andrey**
5,80	1,15

Les books ont donc créé des paris qui permettent d'enlever du pari le risque, bien réel, du nul, avec les paris « **Remboursé si Nul** ».

RÉSULTAT DU MATCH (REMBOURSÉ SI MATCH NUL)	
REAL SARAGOSSE	MIRANDES
1,55	2,02

Dans l'exemple de ce match de Ligue 2 espagnole, tu peux observer la baisse de cote liée à l'annulation d'un risque (ici, le match nul). Le pari sera remboursé en cas de match nul.

RÉSULTAT DU MATCH		
REAL SARAGOSSE	MATCH NUL	MIRANDES
1,55	2,68	3,02

Ce pari **« Remboursé si N »** est assez proche du pari **« Double chance »**.

CHANCE DOUBLE	
Real Saragosse ou Match nul	1,27
Real Zaragoza ou Mirandes	1,32
Match nul ou Mirandes	1,45

Le pari **« Remboursé si Nul »**, on adore : il permet un meilleur gain potentiel pour un risque identique. Pourquoi s'en priver ?

Les paris simples un peu plus compliqués !

Le monde des paris ne se résume pas uniquement à deviner quel va être le vainqueur d'une confrontation sportive entre deux équipes, ou le vainqueur d'une course cycliste. Il existe en effet une multitude de paris, parfois jusqu'à 200 pour un match de football, sur lesquels il est possible de jouer.
Sport par sport, nous allons te donner les clés pour bien comprendre ces paris, avec des exemples pour illustrer leur mécanique.

En cas de doute sur la teneur d'un pari, les books ont l'obligation légale de l'expliquer. Il suffit pour cela de cliquer sur l'icône **?** systématiquement présente, comme dans l'exemple ci-dessous.
Si tu ne joues qu'en point de vente, on va quand même tout t'expliquer sur ces paris dans les pages suivantes.

ÉQUIPE MARQUANT LE PLUS D'ESSAIS (CHANCE DOUBLE)	
France ou Match nul	1,06
France ou Écosse	1,07
Match nul ou Écosse	3,15

→ Football

Matchs de clubs, de sélections, en championnat ou en coupe, sur le continent américain, européen ou asiatique, l'offre de paris sportifs sur le sport le plus populaire du monde est vaste.

→ Les paris Résultat

On l'a vu, ce sont :

– Les paris **Résultat**, **Vainqueur**, **Vainqueur remboursé si Nul**.

On peut aussi citer :

– **Chance double**
Il permet de parier sur deux résultats en même temps.

CHANCE DOUBLE	
Espagne ou Match nul	1,03
Espagne ou Grèce	1,08
Match nul ou Grèce	4,25

– **L'écart entre les équipes**
À utiliser si tu estimes qu'un match sera plus ou moins serré. Ce pari est très proche du pari **Marge du Vainqueur**.

ÉCART ENTRE ÉQUIPES	
Espagne ne perd pas	1,03
Grèce gagne de 1	15,50
Grèce gagne de 2 ou +	27,50
Espagne gagne de 2 ou +	1,53
Espagne gagne de 1	3,68
Grèce ne perd pas	4,25
Espagne gagne de 3 ou +	2,42
Espagne gagne de 2	3,60
Grèce ne perd pas ou perd de 1	2,13

Comme tu peux le constater, le pari Chance double « Match nul ou Grèce » a la même cote que le pari « Grèce ne perd pas », à 4,25. Il s'agit juste de deux présentations d'un même pari.

– **Mi-temps/Fin de match**
Il faut ici déterminer le résultat à la mi-temps, puis le résultat final. Les scénarios les plus improbables sont les plus rémunérateurs. Ce peut être aussi un pari utile pour gonfler la cote d'un favori. Ici, l'Espagne est annoncée à 1.18 vainqueur du match. Si tu penses qu'elle dominera rapidement la Grèce, Espagne à la mi-temps et Espagne à la fin du match est coté à 1.46 : une belle différence de cote donc.

Toujours jouer le pari « Chance Double » en manuel

Cette méthode consiste à **placer deux paris plutôt qu'un seul,** sur le pari « Chance double » proposé par un book. Pour cela, il suffit de répartir ta mise de départ (mise sur laquelle tu souhaitais placer initialement ton pari « Double chance ») sur ces deux paris.

Comment faire pour obtenir une meilleure cote en mettant la bonne somme nécessaire sur les deux paris pour avoir la même espérance de gains ?
Prenons un exemple concret sur le match Écosse-Îles Féroé du 31 mars 2021.
Écosse = équipe 1
Îles Féroé = équipe 2.
Soit l'Écosse l'équipe 1, et les Îles Féroé l'équipe 2. Voici les cotations de ce match :

RÉSULTAT		
Écosse	Match nul	Îles Féroé
1,13	8,00	26

DOUBLE CHANCE	
Écosse ou match nul	1,01
Écosse ou Îles Féroé	1,06
Îles Féroé ou match nul	5,20

Ici, **après analyse du match**, tu décides d'opter pour le N2 (équipe 2, ici Îles Féroé gagne ou fait match nul). Au lieu de jouer la totalité de ta mise sur un seul et unique pari « Résultat double » proposé par le book, tu vas miser :

- une première mise sur le N (match nul) ;
- une deuxième mise sur le 2 (équipe 2 gagne).

Et ainsi gagner sur la cote.
Comment procéder ? Un peu de maths ! Soit M la mise que tu souhaites engager, soit CN la cote du match Nul, soit C2 la cote de la victoire de l'équipe 2.

Grâce à ce calcul, tu peux obtenir une meilleure cote que celle du book.

La formule pour répartir tes mises se présente ainsi :

- **(M x CN) /(C2 + CN)** pour la première mise sur le N (match nul) :
- **(M x C2) /(C2 + CN)** pour la deuxième mise sur le 2 (équipe 2 gagne)

En faisant ce calcul, tu sauras combien miser sur chacune des 2 possibilités.

On applique tout simplement, avec une mise de 20 € :
Mise sur le nul : (M x C2)/(CN + C2) = (20 x 26)/(8 + 26) = 520/34 = **15,29 €**
Mise sur les Iles Féroé **:** (M x CN)/(CN + C2) = (20 x 8)/(8 + 26) =160/34 **= 4,71 €**

Tu peux comparer désormais, et vérifier la véracité de ce petit calcul :
- Pari Chance double N2 gagnant : 20 × 5,2 = 104 €
- Pari N gagnant : 15,29 × 8 = 122,32 €
- Pari 2 gagnant : 4,71 × 26 = 122,46 €

Conclusion : en misant la même somme de 20 € et en prenant le même risque, tu vas pouvoir ainsi gagner 18 € de plus qu'avec le pari Chance Double.
Cette variation de cote peut paraître minime mais en réalité, cela fait partie des astuces indispensable (comme ce merveilleux ouvrage) à connaitre pour gagner aux paris sportifs sur le long terme.

MI-TEMPS / FIN DE MATCH	
Espagne/Espagne	1,46
Espagne/Match nul	26,50
Espagne/Grèce	175
Match nul/Espagne	3,12
Match nul/Match nul	7,10
Match nul/Grèce	25,50
Grèce/Espagne	25,50
Grèce/Match nul	27
Grèce/Grèce	22,50

– **L'équipe à domicile/à l'extérieur gagne sans prendre de but**

L'ÉQUIPE À DOMICILE GAGNE SANS PRENDRE DE BUT	
Oui	1,52
Non	1,92

L'ÉQUIPE À DOMICILE GAGNE SANS PRENDRE DE BUT	
Oui	19,20
Non	1,01

Un pari simple sous forme de combo déguisé, puisqu'il faut désigner un Vainqueur et le but encaissé ou pas par ce vainqueur.
Dans ce cas, si la Grèce gagne 1-0 en Espagne, 1 € en rapportera 19,2 €.

– Une équipe gagne une des mi-temps/les deux mi-temps

ESPAGNE GAGNE UNE DES MI-TEMPS	
Oui	Non
1,09	5,00

GRÈCE GAGNE UNE DES MI-TEMPS	
Oui	Non
4,70	1,11

ESPAGNE GAGNE LES DEUX MI-TEMPS	
Oui	Non
2,25	1,42

Un pari qui ne dépend pas du résultat final, mais du résultat de la première, de la deuxième, ou des deux mi-temps.

– Mi-temps-Résultat, Mi-temps-Chance double, Mi-temps Vainqueur remboursé si match nul

MI-TEMPS - RÉSULTAT		
Espagne	Match nul	Grèce
1,54	2,45	8,00

Trois paris aux mécaniques similaires, avec un résultat obtenu dès les 45 premières minutes écoulées. Un pari qui permet parfois de belles affaires, en pariant sur une équipe bien organisée qui tiendrait une mi-temps au moins le résultat nul, par exemple. Ici, un match nul de la Grèce à la mi-temps rapporterait 24,50 € pour un pari de 10 €.

→ Les paris Mi-temps

On parie ici sur les événements de la première ou de la deuxième mi-temps uniquement. On retrouve l'ensemble des paris Match, mais déclinés sur la première et la deuxième mi-temps, comme par exemple :

– 1re mi-temps – Total de buts

1RE MI-TEMPS - TOTAL DE BUTS	
Moins de 0,5	3,18
Plus de 0,5	1,25
Moins de 1,5	1,46
Plus de 1,5	3,24
Moins de 2,5	1,10
Plus de 2,5	5,45

Festival de buts ou petit score à la mi-temps ? À toi de jouer !
Si tu choisis le pari + de 0,5 but à la mi-temps, il suffira qu'une des deux équipes marque 1 but avant la mi-temps pour te permettre de remporter la mise.
Au contraire, si tu choisis le pari – de 1,5 but, il ne faut pas que les équipes marquent 2 buts ou plus pendant les 45 premières minutes du match.

L'ensemble des paris Mi-temps se déclinent ensuite comme pour les paris Match, avec la même variété.
L'avantage de ces paris ? Des cotes plus intéressantes que pour les paris Résultat du match. La multiplicité des scénarios permet de parier sur des événements plus improbables, mais qui se déroulent tout de même de temps. Une équipe favorite peut très bien remporter un match 5-1, tout en encaissant à la mi-temps le premier but et perdant donc cette mi-temps 0-1, avant de prendre enfin le dessus sur son adversaire en 2e mi-temps. Aux parieurs malins de prévoir ce genre de scénario.

→ Les paris Buteurs

Comme leur nom l'indique, il s'agit ici de parier sur le ou les buteurs éventuels d'un match. Les books proposent plusieurs paris, dont :

– Buteurs
Il est possible de parier sur l'ensemble des joueurs des deux équipes. Ici, tu peux voir les trois cotes les plus basses, qui correspondent aux trois attaquants de la sélection allemande, favorite contre l'Islande ce soir de match.

BUTEURS	BUTEURS	PREMIER	DERNIER
Serge Gnabry	1,90	4,20	4,20
Timo Werner	1,90	4,20	4,20
Leroy Sané	2,50	5,90	5,90

Ici, un but de Serge Gnabry rapportera 19 € pour un pari de 10 €. Si Gnabry marque le premier but et que c'est l'option que tu as choisie, c'est 42 € qui seront encaissés, toujours pour 10 € de mise.

Les cotes des joueurs islandais sont bien plus hautes, car l'Islande n'est pas favorite, et les chances de les voir marquer un but est plus mince. Les deux attaquants islandais ont ainsi les cotes suivantes :

Holmbert Aron Fridjonsson	6,25	17	17
Kolbeinn Sigthorsson	6,50	18	18

Pour les paris **Premier et Dernier buteur**, il s'agit des buteurs du match, et non de l'équipe en question. De plus, si un malheureux marque contre son camp (Ah ! Ah !), le book n'en tiendra pas compte, tant mieux pour tes paris !

– **Buteurs multiples**

Le parieur peut jouer sur la possibilité pour un joueur particulièrement en forme de marquer deux, trois, voire quatre buts, avec des cotes allant croissant.

BUTEURS MULTIPLES	DOUBLÉ	TRIPLÉ	QUADRUPLÉ
Serge Gnabry	5,00	19	65
Timo Werner	5,00	19	65
Leroy Sané	8,50	46	170
Kai Havertz	8,50	46	170

- Double Chance Buteur

Ici, il suffit qu'un des deux buteurs proposés marque un but pour gagner le pari. Mais les cotes sont un peu plus basses logiquement.

DOUBLE CHANCE BUTEUR	
S. Gnabry ou T. Werner	1,27
S. Gnabry ou L. Sané	1,37
T. Werner ou L. Sané	1,37

- Triple Chance Buteur

Les cotes baissent encore pour le pari Triple Chance. L'un des trois joueurs choisis doit marquer un but, et le pari est gagné.

TRIPLE CHANCE BUTEUR	
S. Gnabry ou T. Werner ou K. Havertz	1,15
S. Gnabry ou T. Werner ou L. Sané	1,15
S. Gnabry ou T. Werner ou A. Younes	1,16

- Chaque joueur marque

Au contraire, les cotes augmentent pour ce genre de pari, car des deux joueurs choisis par le parieur doivent impérativement marquer pour remporter la mise. À jouer uniquement en cas de gros score prévu.

CHAQUE JOUEUR MARQUE	
S. Gnabry et T. Werner	3,35
S. Gnabry et L. Sané	4,20
T. Werner et L. Sané	4,20

- Le joueur marque et son équipe gagne

Un pari qui fonctionne de fait comme un combo puisqu'il faut trouver deux composantes du pari pour le remporter. Les cotes augmentent sensiblement.

Ce sont des paris qui font sens. Et oui, pour gagner un match, il faut marquer des buts, et il faut donc des buteurs : à toi de bien les choisir.

LE JOUEUR MARQUE ET SON ÉQUIPE GAGNE	
Serge Gnabry	1,86
Timo Werner	1,86
Leroy Sané	2,40

– **Buteur contre équipe**
Tu t'attends à une grosse domination d'une équipe, et des buts en pagaille ?
Ce pari peut alors être joué. Si tu choisis Serge Gnabry à 2,65, il devra marquer plus de buts que toute l'équipe d'Islande pour empocher tes gains. Si tu choisis Match Nul, Serge Gnabry et l'équipe d'Islande devront marquer le même nombre de but, même aucun.

JOUEUR CONTRE ÉQUIPE		
Serge Gnabry	Match nul	Islande
2,65	2,05	3,35
Timo Werner	Match nul	Islande
2,65	2,05	3,35
Leroy Sané	Match nul	Islande
3,65	1,85	2,85

– **Un remplaçant marque un but**
Désormais, ces sont cinq remplacements qui sont autorisés par match et par équipe. Et si l'un des remplaçants entrés en jeu marquait ?

UN REMPLAÇANT MARQUERA UN BUT	
Non	1,30
Oui	2,50

→ Les paris But

Des paris attractifs puisque déconnectés de l'impératif de résultat. Avec de la réussite parfois, comme ce jour où un pari + de 5,5 buts pour le match Espoirs Andorre-Angleterre est passé, après le match nul 3-3 que bien peu avaient prévu (tout le monde attendait un match à sens unique des jeunes Anglais) !

– **Total de buts** (exemple de cotes Kazakhstan-France, mars 2021)

TOTAL DE BUTS	
Moins de 0,5	18,80
Plus de 0,5	1,01
Moins de 1,5	4,80
Plus de 1,5	1,12
Moins de 2,5	2,25
Plus de 2,5	1,44

Tu as toujours la possibilité de choisir de nombreux cuts (on n'en voit ici qu'une partie) en under (moins de x buts marqués) ou over (plus de x buts marqués), dans la mesure où tu pressens un match plutôt ouvert ou plutôt fermé.

– **But pour les deux équipes** (beaucoup de parieurs utilisent l'acronyme BTTS (Both Teams To Score), pour **L**es **2 é**quipes **m**arquent ou **B**oth **T**eams **t**o **s**core)

BUT POUR LES 2 ÉQUIPES	
Oui	2,72
Non	1,33

Il s'agit ici probablement d'un des paris les plus populaires pour le football. La problématique est simple : les deux équipes vont-elles au moins marquer un but, ou pas ? Simple, mais très efficace.

- **But sur pénalty**

BUT SUR PENALTY	
L'équipe à domicile marque sur penalty	8,00
L'équipe à l'extérieur marque sur penalty	3,25
Une des deux équipes marque sur penalty	2,60
Les deux équipes marquent sur penalty	16
Pas de penalty marqué	1,35

Un pénalty est toujours un événement singulier dans un match. Double objectif si tu paries par exemple qu'une des deux équipes marque sur pénalty : qu'un pénalty soit sifflé... et converti !

- **Qui marquera le 1er but ?**

QUI MARQUERA LE 1ER BUT ?	
Kazakhstan	5,35
Aucun	18,80
France	1,10

Et son faux jumeau :

- **Dernière équipe à marquer**

DERNIÈRE ÉQUIPE À MARQUER	
Kazakhstan	5,05
Aucun	18,80
France	1,10

Si le score est de 0-0, il faudra avoir choisi la pari « Aucun » pour encaisser dans les deux cas.

– **Nombre exact de buts**

NOMBRE EXACT DE BUTS	
0	18,80
1	5,95
2	3,80
3	3,50
4	4,25
5+	3,45

De belles cotes pour ce pari, à mettre en exergue avec le potentiel offensif des deux équipes.

– **Total de buts (intervalle)**

TOTAL DE BUTS (INTERVALLE)	
0-1 Buts	4,80
2-3 buts	2,02
4-5 Buts	2,80
6 ou +	7,15

Un pari assez proche du précédent, avec une fourchette de buts proposée.

– **Plus (ou moins) de 1,5 buts dans les 2 mi-temps**

PLUS DE 1,5 BUTS DANS LES 2 MI-TEMPS	
Oui	2,98
Non	1,18

Un pari proposé pour les matchs offensifs, ou prétendûment offensifs !

– **L'équipe à domicile (ou à l'extérieur) n'encaisse pas de but**

L'ÉQUIPE À L'EXTÉRIEUR N'ENCAISSE PAS DE BUT	
Oui	1,33
Non	2,45

Un pari à comparer avec « Les 2 équipes marquent » pour faire le bon choix.

→ Les paris But par équipe

- **Total de buts – équipe à domicile ou équipe à l'extérieur**

TOTAL DE BUTS – ÉQUIPE À l'EXTÉRIEUR	
Moins de 2,5	1,86
Plus de 2,5	1,61

Ici, c'est ce qu'on appelle un pari under/over (moins de *x* buts marqués/plus de *x* buts marqués). Le cut pour la France est ici de 2,5 buts. Marquera-t-elle plus ou moins de 2,5 buts ?

- **Nombre exact de buts – équipe à domicile ou extérieur**

NOMBRE EXACT DE BUTS DE L'ÉQUIPE À DOMICILE	
0	1,33
1	2,65
2	12
3+	80

Et si le Kazakhstan marquait 3 buts ? 80 € de gain pour 1 € joué.

- **Total de buts multichoix – équipe à domicile ou à l'extérieur**

TOTAL DE BUTS MULTICHOIX – ÉQUIPE À DOMICILE	
1-2	2,36
1-3	2,32
2-3	11,20
4+	200
Pas de but	1,33

Le même pari que précédemment, avec une fourchette de buts proposée.

- **Mi-temps avec le plus de buts – équipe à domicile ou à l'extérieur**

MI-TEMPS AVEC LE + DE BUTS – ÉQUIPE À DOMICILE	
1ère Mi-temps	5,45
2e Mi-temps	4,25
Égalité	1,28

Si le Kazakhstan ne devait pas marquer de but, c'est le choix Égalité qu'il aurait fallu faire pour remporter le pari.

→ Les paris Minutes

– Minute du 1er but

Quand l'une des deux équipes marquera-t-elle le premier but ? C'est le défi proposé par ce pari. Pas simple, non ? Ce pari existe aussi avec des intervalles de 10 minutes. Encore plus ardu donc.

MINUTE DU 1ER BUT (15 MIN)	
1-15	2,33
16-30	3,02
31-45	4,15
46-60	7,10
61-75	11,20
76-90	15,80
Aucun	18,80

– Quel joueur marquera entre (intervalle de 15 minutes)

QUEL JOUEUR MARQUERA ENTRE LA MINUTE 00:00 & 15:00	
Mbappé, K	10
Giroud O.	11
Griezmann A.	11
Ben Yedder W.	12
Dembélé O.	15
Martial A.	15

Si tu penses que Kylian Mbappé va faire un superbe début de match et marquer rapidement, cela te rapportera 100 € si tu mises 10 €.
Petite astuce : si vraiment tu estimes que Kiki va cartonner en ce début de match, mise aussi 10 € sur un but entre la 15e et la 30e minute avec une cote à 8,50. Si l'un des deux paris passe, le bénéfice sera d'au moins 65 €.

→ Les paris Scores

Ce peut être un premier pari avec une belle côote à aller chercher (demande à Carla Ginola !) : les cotes sont souvent magnifiques sur ces paris.

- **Score exact**

SCORE EXACT					
KAZAKHSTAN		**MATCH NUL**		**FRANCE**	
1 - 0	40	0 - 0	18,80	0 - 1	6,05
2 - 0	200	1 - 1	15	0 - 2	4,35
2 - 1	75	2 - 2	55	0 - 3	4,55
3 - 0	200	3 - 3	200	0 - 4	6,25
3 - 1	200			0 - 5	10,80
3 - 2	200			0 - 6	22
4 - 0	200			1 - 2	10,50
4 - 1	200			1 - 3	11
4 - 2	200			1 - 4	15,50
5 - 0	200			1 - 5	27
5 - 1	200			2 - 3	55
6 - 0	200			2 - 4	80
Autre					13,80

- **Score exact - Multichoix**

SCORE EXACT - MULTICHOIX	
1-0, 2-0 ou 3-0	35
0-1, 0-2 ou 0-3	1,85
4-0, 5-0 ou 6-0	200
0-4, 0-5 ou 0-6	3,52

Pour réduire un peu le champ des possibles, les books te proposent plusieurs choix : un pari intéressant.

- **Mi-temps/fin de match - Score exact**

Bien plus compliqué, puisqu'il s'agit ici de trouver deux scores exacts : d'abord le score à la mi-temps, puis le score à la fin du temps réglementaire.

MI-TEMPS/ FIN DE MATCH – SCORE EXACT	
0-0 / 0-0	18,80
0-0 / 0-1	9,25
0-0 / 0-2	11,20
0-0 / 0-3	21

→ Les autres paris

L'imagination des books est sans limite ou presque (dans la limite de la réglementation ANJ).
Tu peux ainsi parier sur un coup-franc direct, ou un but marqué de la tête, par une des équipes, les deux, ou aucune.

→ Tennis

Tournois masculins de l'ATP, féminins de la WTA, Coupe Davis, matchs de simple ou en double, Masters et tournois du Grand Chelem, la saison de tennis s'étend de janvier à novembre sur un rythme effréné. Ce sport de connaisseurs exige de bien maîtriser les types de pari disponible.

→ Les paris Résultat

- **Vainqueur du match**

Le choix est bien sur délimité aux deux joueurs. Il suffit de trouver le vainqueur.

VAINQUEUR DU MATCH	
SINNER JANNIK	GASTON HUGO
1,16	4,90

- **Nombre de sets**

La plupart des tournois (sauf ceux du Grand Chelem) se jouent en deux sets gagnants. En cas d'égalité, un troisième set est disputé pour déterminer le vainqueur.

NOMBRE DE SETS	
2	1,30
2	2,58

- **Vainqueur 1er set/Match**

Plus le scénario est improbable, plus la cote est belle ! Ici, la victoire du Français Hugo Gaston, quelle que soit l'issue du 1er set, est bien payé.

VAINQUEUR 1ER SET/ MATCH	
Gaston, Hugo/Gaston, Hugo	5,95
Sinner, Jannik/Sinner, Jannik	1,26
Gaston, Hugo/Sinner, Jannik	6,45
Sinner, Jannik/Gaston, Hugo	16,20

- **Écart de sets**

Match serré ou pas ? Un outsider qui résiste ? Les choix offerts par ce pari permettent de valider vos scénarios.

ÉCART DE SETS	
Sinner Jannik gagne de 2 ou+	1,47
Gaston Hugo ne perd pas ou perd de 1	2,19
Sinner Jannik ne perd pas ou perd de 1	1,04
Gaston Hugo gagne de 2 ou +	8,60

→ Les paris Jeux

- **Nombre de jeux**

Il s'agit d'un pari under/over ou « plus ou moins ». Par exemple, le pari Moins de 16,5 jeux signifie que le nombre total de jeux dans le match sera de 16 ou moins. Dans le cas présent, cela signifie une victoire expéditive en 2 sets d'un des joueurs, sur le score de 6-2 / 6-1, par exemple, soit 15 jeux au total.

NOMBRE DE JEUX	
Moins de 16,5	4,05
Plus de 16,5	1,11
Moins de 17,5	2,98
Plus de 17,5	1,23
Moins de 18,5	2,34
Plus de 18,5	1,38

– **Joueur 1 – Nombre de Jeux**
Il faut évaluer l'under et/ou l'over du premier joueur. Ici l'espoir italien Jannik Sinner. Le choix Moins de 11,5 signifie donc qu'il ne remportera pas le match, puisqu'il faut remporter 12 jeux minimum pour gagner un match en 2 sets gagnants. Si tu t'intéresses au tennis, ce type de calcul deviendra vite un réflexe.

JOUEUR 1 – NOMBRE DE JEUX	
Moins de 11,5	5,45
Plus de 11,5	1,04
Moins de 12,5	1,71
Plus de 12,5	1,80
Moins de 13,5	1,27
Plus de 13,5	2,82

– **Joueur 2 – Nombre de Jeux**
Même pari que précédemment, mais pour le joueur adverse, ici le jeune Français Hugo Gaston.

– **Set 1 – Nombre de Jeux**
Un under/over de jeux, mais sur le 1er set seulement. Moins de 6,5 jeux signifie qu'un des joueurs gagnera 6-0, + de 12,5 jeux (c'est-à-dire au moins 13 jeux dans le set) signifie qu'un tie-break aura lieu. Peu importe le vainqueur de ce set, c'est plutôt sur la façon dont ce début de partie va se dérouler qui intéresse ici le parieur.

SET 1 – NOMBRE DE JEUX	
Moins de 10,5	1,19
Plus de 10,5	3,30
Moins de 12,5	1,09
Plus de 12,5	4,45
Moins de 6,5	6,75
Plus de 6,5	1,01

→ Les paris Scores

– **Score exact**

Match en deux ou trois sets ? À l'avantage de quel joueur ? À toi de faire les bons choix.

SCORE EXACT			
Sinner Jannik		**Gaston Hugo**	
2-0	1,47	1-2	8,80
2-1	3,42	0-2	8,60

– **Set 1 – score exact**

Dans le premier set, tu peux essayer de deviner le score exact. Un pari compliqué, pour ne pas dire hasardeux.

SET 1 – SCORE EXACT			
Sinner Jannik		**Gaston Hugo**	
6-0	21	0-6	200
6-1	7,25	1-6	55
6-2	5,10	2-6	28

– **Au moins un set se termine sur le score de 6-0 ?**

Un joueur va-t-il dominer l'autre au point de lui infliger un 6-0 ?

AU MOINS UN SET SE TERMINE SUR LE SCORE DE 6-0 ?	
Oui	5,60
Non	1,04

→ Les paris spéciaux

Au tennis, les paris spéciaux portent notamment sur les tie-breaks, ces jeux décisifs disputés quand le score est de 6-6 dans un set. Certains joueurs (des gros serveurs, sur surfaces rapides) disputent souvent des tie break. Pourquoi pas ?

- **Au moins un tie-break dans le match ?**

Y AURA-T-IL AU MOINS UN TIE-BREAK PENDANT LE MATCH ?	
Non	1,20
Oui	2,85

- **Nombre de tie-breaks dans le match**

NOMBRE DE TIE-BREAK DANS LE MATCH	
Plus de 0,5	2,85
Plus de 1,5	9,50
Plus de 2,5	130

- **Autres paris spéciaux**

Ici, ce sont des combos Vainqueur de match / Tie break.

PARIS SPÉCIAUX TIE BREAK	
Sinner gagne 2-0 et au moins 1 jeu décisif joué dans le match	4,20
Sinner gagne 2-0 et aucun jeu décisif joué dans le match	1,60
Sinner gagne au moins 1 set et au moins 1 jeu décisif joué dans le match	3,00
Sinner gagne le match en terminant par un jeu décisif	6,80
Sinner gagne le match en terminant par un jeu décisif	150
Sinner gagne le match et au moins 1 jeu décisif joué dans le match	3,30

→ Basket

La basket-ball est aussi très apprécié des parieurs. Le championnat américain de NBA est plébiscité par les joueurs, ainsi que les grandes compétitions européennes de l'EuroLigue ou de l'Eurocoupe. Sport d'équipe, le basket est aussi un sport de performances, sur lesquels les possibilités de paris sont nombreuses.

→ Les paris Résultat

Une série de paris qui reprend la logique de ceux du football. La première équipe joue à domicile : attention, si tu consultes les sites américains, l'équipe qui reçoit est indiqué en deuxième.

– **Vainqueur du match**

VAINQUEUR DU MATCH (PROLONG. INCLUSES)	
NEW ORLEANS PELICANS	DENVER NUGGETS
2,05	1,75

Ce pari inclue les prolongations éventuelles, donc seules deux alternatives vous sont donc offertes. Ici New Orleans vainqueur à domicile, ou Denver loin de ses bases.

– **Résultat du match**

RÉSULTAT DU MATCH		
NEW ORLEANS PELICANS	MATCH NUL	DENVER NUGGETS
2,10	14,50	1,83

Le même pari mais qui inclue la possibilité du match nul. Tu peux remarquer que les cotes des deux équipes augmentent sensiblement. Attention, les matchs sont souvent serrés au basket, un match nul et des prolongations, ce sont des situations qui arrivent : on préconise donc le pari Vainqueur du match pour éliminer ce risque (néanmoins rare) de match nul.

– **Écart entre les équipes**

ÉCART ENTRE LES ÉQUIPES (PROLONGATIONS INCLUSES)	
New Orleans Pelicans gagne de 9 ou +	3,35
Denver Nuggets ne perd pas ou perd de 8 ou –	1,19
New Orleans Pelicans gagne de 8 ou +	3,10
Denver Nuggets ne perd pas ou perd de 7 ou –	1,23
Denver Nuggets ne perd pas ou perd de 7 ou –	2,80
Denver Nuggets ne perd pas ou perd de 6 ou –	1,28

Le pari n° 1 aux États-Unis, avec la notion de handicap qui apparaît ici. Le vainqueur doit être trouvé, ainsi que l'écart avec lequel il va remporter – ou ne pas perdre – une rencontre. Un écart d'un point provoque parfois une évolution sensible de la cote. Sois précis !

Les paris sont présentés parfois en format « Handicap ». Ici, par exemple, le pari New Orleans Pelicans gagne de 9 ou + serait noté : New Orleans Handicap – 8,5. Cela signifie que New Orleans commence le match avec 8,5 points de retard au compteur mais s'impose quand même. Reportes toi au tableau de correspondance (Écart de points ou buts/Handicap en fin de livre, page 135, en cas de doute.

– **Vainqueur et total de points**

VAINQUEUR & TOTAL DE POINTS (PROLONGATIONS INCLUSES)	
New Orleans Pelicans & Plus de 231,5	3,65
Denver Nuggets & Plus de 231,5	3,10
Denver Nuggets & Plus de 231,5	3,60
Denver Nuggets & Moins de 231,5	3,05

Le nombre total de points est un autre pari très apprécié outre-Atlantique. Les cotes deviennent en effet très intéressantes.

LE *CUT*, MODE D'EMPLOI

Le *cut* est une estimation, faite par le book, d'un nombre de points dans un match, du nombre de points marqués par un joueur, du nombre de rebonds pris par un autre, ou les passes d'un troisième. Une fois ce *cut* établi, tu vas pouvoir parier sur l'under ou l'over.
Under signifie « **moins que** », c'est-à-dire que le nombre de points, de rebonds, ou de passes ne sera pas réalisé.
Over signifie **« plus que »** et il signifie au contraire que le nombre de points du *cut*, ou les rebonds, ou les passes, seront réalisés par l'équipe ou le joueur.
Dans l'exemple ci-dessus, le *cut* points du match New Orleans/Denver est donc de 231,5. Les équipes vont-elles marquer 231 points ou moins, ou 232 ou plus ? À toi de choisir.

– **Marge du vainqueur**

MARGE DU VAINQUEUR (PROLONGATIONS INCLUSES)	
Équipe à domicile gagne de 11 points ou plus	4,00
Équipe à domicile gagne de 6 à 10 points	4,95
Équipe à domicile gagne de 1 à 5 points	4,65
Équipe à l'extérieur gagne de 1 à 5 points	4,30

Un pari à rapprocher de celui sur l'Écart entre les deux équipes.

- **Résultat Mi-temps / Fin de match**

MI-TEMPS/FIN DE MATCH	
New Orleans Pelicans/New Orleans Pelicans	2,32
New Orleans Pelicans/Match nul	22
New Orleans Pelicans/Denver Nuggets	6,10
Match nul/New Orleans Pelicans	35
Match nul/Match nul	50
Match nul/Denver Nuggets	30

À toi d'imaginer le scénario de ce match. La probabilité d'un Nul fait augmenter les cotes, comme tu peux le constater.

- **Prolongations Oui/Non**

PROLONGATIONS OUI/NON	
Oui	14,50
Non	1,02

Un match nul étant bien moins fréquent qu'au football par exemple, la possibilité de prolongation est très bien payée, n'est-ce-pas ? Un parieur jouant 5 € sur Prolongations Oui pourrait remporter 72,5 €.

→ Les paris Mi-temps

Ils reprennent la même structure que les paris Résultat du match, à la fois sur la 1re mi-temps (c'est-à-dire les deux premiers quart temps) ou la deuxième (les deux derniers quarts).
Par exemple, tu peux jouer sur :

- **1re mi-temps – total de points de l'équipe à domicile ou à l'extérieur,** avec différents *cuts* sur lesquels s'engager.

1RE MI-TEMPS – TOTAL DE POINTS – ÉQUIPE À DOMICILE	
Moins de 56,5	2,02
Plus de 56,5	1,46
Moins de 57,5	1,83
Plus de 57,5	1,58

→ Les paris Points

Ce sont des paris qui ne tiennent pas compte du résultat du match. Seul compte ici la composante points du match. C'est un des gros avantages des paris de type over/under, qui détachent le pari du résultat du match. Seuls comptent les performances des équipes ou des joueurs... quel que soit le vainqueur.

– **Total de points prolongations incluses**

TOTAL DE POINTS (PROLONGATIONS INCLUSES)	
Moins de 222,5	2,75
Moins de 222,5	1,28
Moins de 223,5	2,62
Plus de 223,5	1,31
Moins de 224,5	2,48
Moins de 224,5	1,35

Match défensif ou offensif ? C'est tout l'enjeu de ce type de pari.

– **Total exact de points**

TOTAL DE POINTS (EXACT)	
Moins de 230	1,75
Exactement 230	30
Plus de 230	1,73

– **Total de points – intervalle**

TOTAL DE POINTS (INTERVALLE)	
231-240	3,00
241-250	4,10
> 250,5	4,90

Il s'agit ici de trouver le nombre de points inscrits, par tranche de 10. Un pari qui nécessite une fine analyse des résultats des deux équipes.

- **Total de points – équipe à domicile/équipe à l'extérieur**

TOTAL DE POINTS – ÉQUIPE À DOMICILE (PROLONGATIONS INCLUSES)	
Moins de 113,5	1,87
Plus de 113,5	1,55
Moins de 114,5	1,75
Plus de 114,5	1,64

Le grand frère du pari Mi-temps – Points équipe à domicile/à l'extérieur expliqué plus haut.

- **Première équipe à marquer 20 points**

Un pari pour jouer sur l'équipe qui prendra le meilleur départ dans le match, et atteindra la première la barre des 20 points. Existe aussi pour 30, 40 ou 50 points.

PREMIÈRE ÉQUIPE À MARQUER 20 POINTS (PROLONGATIONS INCLUSES)			
NEW ORLEANS PELICANS	1,79	DENVER NUGGETS	1,67

PREMIÈRE ÉQUIPE À MARQUER 30 POINTS (PROLONGATIONS INCLUSES)			
NEW ORLEANS PELICANS	1,79	DENVER NUGGETS	1,67

→ Les paris Quart-temps

Les books proposent aux audacieux les mêmes structures de pari, mais quart-temps par quart-temps seulement. Pour experts uniquement.

→ Les paris Scoreurs

Voici les paris parmi les plus plébiscités par les fans de basket, on a nommé les paris scoreurs. Il s'agit ici de parier sur la réussite offensive d'un ou plusieurs joueurs. Plusieurs *cuts* points sont proposés, de 20 points marqués jusqu'à 50.

- **Joueur marquant 20 points ou plus (ou + de 19,5 points)**

JOUEUR MARQUANT 20 POINTS OU PLUS			
New Orleans Pelicans		**Denver Nuggets**	
Zion Williamson	1,05	Nikola Jokic	1,20
Nikola Jokic	1,10	T. Thomas	1,60
Eric Bledsoe	10	Michael Porter Jr.	2,25

Attention à la désillusion du joueur bloqué à 19 points et qui manque un lancer-franc dans la dernière minute !

– Joueur marquant 25 points ou plus (ou + de 24,5 points)

JOUEUR MARQUANT 25 POINTS OU PLUS			
New Orleans Pelicans		**Denver Nuggets**	
Zion Williamson	1,40	Nikola Jokic	1,76
Brandon Ingram	1,60	Jamal Murray	2,20
Eric Bledsoe	20	Michael Porter Jr.	4,50

Naturellement, les cotes augmentent sensiblement. Et elles deviennent encore plus intéressantes pour les paris « Joueur marquant 30, 35, 40, voire – pour certains matchs avec présence d'un très bon scoreur – 50 points.

– Joueur marquant *xx* points et son équipe gagne
Les books proposent aussi d'ajouter le Résultat du match pour faire monter la cote. Un joueur majeur réalisant une bonne performance pourra aider son équipe à l'emporter, c'est vrai… mais cela ne suffit pas toujours.

JOUEUR MARQUANT 20 POINTS OU PLUS ET SON ÉQUIPE GAGNE			
New Orleans Pelicans		**Denver Nuggets**	
Zion Williamson	2,00	Nikola Jokic	1,96
Brandon Ingram	2,10	Jamal Murray	2,60
Eric Bledsoe	19	Michael Porter Jr.	3,70

Dans ce cas, essaie le pari suivant.

– Joueur marquant *xx* points et l'équipe adverse gagne
Selon les matchs et la qualité des scoreurs présents sur le parquet, les books ajoutent parfois des paris « Deux joueurs marquent 40 points » ou Joueur 1 et Joueur 2 marque chacun 20 points ».
Ces paris sont parfois ajoutés tardivement en ligne, car les books attendent les compositions d'équipe officielles… comme les parieurs d'ailleurs !

→ Les paris Performances

Au basket-ball, marquer des points, c'est important, mais la performance d'un joueur s'apprécie aussi sur les rebonds pris et les passes décisives délivrées.
Les books proposent donc des *cuts* sur ces performances, parfois en les cumulant.

– **Nombre de rebonds du joueur**

À chaque joueur, son *cut*, que le book a calculé selon les performances passées du joueur. Ces paris de type under/over recèlent parfois de belles affaires.

NOMBRE DE REBONDS DU JOUEUR			
New Orleans Pelicans		**Denver Nuggets**	
Brandon Ingram - Moins de 5,5	1,60	Jamal Murray – Moins de 3,5	1,64
Brandon Ingram – Plus de 5,5	2,05	Jamal Murray – Plus de 3,5	1,98
Eric Bledsoe – Moins de 3,5	1,74	Michael Porter Jr. – Moins de 7,5	1,80

– **Nombre de passes du joueur**

NOMBRE DE PASSES DU JOUEUR			
New Orleans Pelicans		**Denver Nuggets**	
Brandon Ingram – Moins de 5,5	1,78	Jamal Murray – Moins de 3,5	1,80
Brandon Ingram – Plus de 5,5	1,82	Jamal Murray – Plus de 3,5	1,80
Eric Bledsoe – Moins de 3,5	2,10	Michael Porter Jr. – Moins de 1,5	1,39

Le frère jumeau du frère précédent, version passes décisives, c'est-à-dire celles effectuées juste avant un panier. Un des paris préférés des fans de basket.

– **Performance du joueur (Points + Rebonds + Passes)**

PERFORMANCE DU JOUEUR (POINTS + REBONDS + PASSES)			
New Orleans Pelicans		**Denver Nuggets**	
Brandon Ingram – Moins de 36,5	1,80	Jamal Murray – Moins de 30,5	1,80
Brandon Ingram – Plus de 36,5	1,80	Jamal Murray – Plus de 30,5	1,80
Eric Bledsoe – Moins de 17,5	1,82	Michael Porter Jr. – Moins de 25,5	1,82

C'est dans le cas présent la performance globale du joueur qu'il faut savoir estimer. Un peu de calcul mental, et le tour est joué. Si Brandon Ingram marque cette nuit-là 27 points, prend 7 rebonds et fait 3 passes décisives vers ses coéquipiers, sa performance globale sera de 37, juste au-dessus de son *cut*.

– **Performance Points + Rebonds, Points + Passes, Passes + Rebonds**

Ils sont un peu moins utilisés par les parieurs. Sache qu'ils existent néanmoins.

→ Rugby, Rugby à XIII

Avec la concurrence du football et du basket, le rugby a un peu de mal à se faire une place dans le monde du pari. Il faut dire que le nombre de matchs disputés est aussi bien moins élevés, les rencontres se cantonnent la plupart du temps aux week-ends, et tous les parieurs ne maîtrisent pas les subtilités des règles du jeu. Pourtant, les paris Rugby ne manquent pas d'intérêt.

→ Les paris Résultat

Des paris à la mécanique identique aux paris Résultat du foot ou du basket.

- **Vainqueur du match**

France - Écosse
21:00 Tournoi 6 Nations

Résultat du match

France	Match Nul	Écosse
1,16	40	5,80

Comme au football, les possibilités de match nul sont réelles, même si la probabilité est assez faible, comme l'atteste cette belle cote de 40 pour ce match avec un gros favori.

- **Vainqueur du match (remboursé si Nul)**

France - Ecosse
21:00 Tournoi 6 Nations

Résultat du match

France	Écosse
1,14	5,55

Pour neutraliser la possibilité du nul, voici le pari idéal, avec deux choix possibles seulement. Un bon pari, notamment quand un duel serré peut avoir lieu, « pour assurer le coup » comme disent des millions de parieurs.

→ Les paris Essais

- **Nombre total d'essais**

France - Ecosse
21:00 Tournoi 6 Nations

Moins de 6,5	1,91
Plus de 6,5	1,62

Des essais, du spectacle, on adore ça ! À toi de bien évaluer le *cut* proposé. Ici, il est de 6,5 essais. France et Écosse en marqueront-elles plus ou moins ?

- **Nombre total d'essais – équipe à domicile/équipe à l'extérieur**

France - Ecosse
21:00 Tournoi 6 Nations

Moins de 4,5	1,70
Plus de 4,5	1,81

Ce pari permet de focaliser son attention sur la performance d'une des deux équipes

→ Les paris Points

- **Écart entre les deux équipes**

France - Ecosse
21:00 Tournoi 6 Nations

France gagne de 21 ou +	2,55
Écosse ne perd pas ou perd de 20 ou –	1,30
France gagne de 14 ou +	1,70
Écosse ne perd pas ou perd de 13 ou –	1,75
France gagne de 8 ou +	1,33
Écosse ne perd pas ou perd de 7 ou –	2,44

- **Total de points**

France - Ecosse
21:00 Tournoi 6 Nations

Moins de 40,5	3,35
Plus de 40,5	1,16
Moins de 52,5	1,70
Plus de 52,5	1,74

- **Total de points – équipe à domicile/équipe à l'extérieur**
Le même, en s'intéressant uniquement à la performance collective points d'une des deux équipes.

→ Les paris Marqueurs d'essai

Sport collectif par excellence, les individualités du rugby sont ici mises « en avant ».

- Marqueur d'essai

France - Ecosse
21:00 Tournoi 6 Nations

France		Écosse	
D.Penaud	1,76	D. Van der Merwe	2,45
T. Thomas	1,80	D. Graham	3,00
A. Dupont	1,80	S.Hogg	3,50

Qui aplatira le cuir derrière la ligne d'essai adverse ? C'est tout l'enjeu de ce pari.

- Marqueur d'essai – Double Chance

Le pari Double Chance optimise les chances de réussite. Il suffit de trouver un marqueur d'essai minimum sur les deux choisis pour remporter le pari.

France - Ecosse
21:00 Tournoi 6 Nations

D. Penaud/T. Thomas	1,24
D. Penaud / A. Dupont	1,24
T. Thomas / A. Dupont	1,25
D. Penaud / V. Vakatawa	1,26

→ Les paris Pénalités et Transformations réussies

Avec les essais, les pénalités et les transformations sont deux des trois autres façons de marquer des points au rugby (le drop est devenu si rare que les books ne le proposent plus).

- Nombre de pénalités réussies

Plusieurs *cuts* sont proposés par le book. À toi de bien ajuster ton choix pour encaisser sereinement.

France - Ecosse
21:00 Tournoi 6 Nations

Plus de 4,5	2,55
Moins de 4,5	1,30
Plus de 3,5	1,70
Moins de 3,5	1,75

– **Nombre de transformations réussies**

Un pari-piège. Une transformation est bottée après un essai marqué. Sa réussite n'est pas automatique, surtout si l'essai a été marqué en coin, et que la pénalité doit être tirée du long de la ligne de touche, avec une réussite plus aléatoire. À manier avec prudence donc.

France - Ecosse
21:00 Tournoi 6 Nations

Plus de 4,5	1,35
Moins de 4,5	2,35
Plus de 6,5	2,50
Moins de 6,5	1,30

→ Les paris Mi-temps

Des paris pour le format mi-temps existent aussi pour le rugby, avec le même type de paris (Vainqueur, Points, Écart) que pour un match complet.

→ Football Américain

Les paris sont très proches de ceux du rugby, avec évidemment la terminologie et les caractéristiques propres à ce sport très populaire outre-Atlantique, avec une saison qui culmine fin janvier avec le SuperBowl ! Victoire, nombre de points, touchdowns, interceptions, fumbles, sacks, yards, etc. Il y a des *cuts* dans tous les sens. For connaisseurs only.

→ Handball

On retrouve pour le handball la même typologie de paris que pour le football, notamment Résultat, Résultat remboursé si match nul, Chance double, Total de buts,etc.

→ Volleyball

Les paris portent essentiellement sur la Victoire, le nombre total de points et les Sets, comme au tennis. Une partie se joue en trois sets gagnants et peuvent donc durer jusqu'à cinq sets. Les combinaisons possibles sont donc nombreuses.

→ Courses automobiles, cyclistes, biathlon, ski

Ces sports ont pour point commun d'avoir de nombreux concurrents au départ. Il n'est pas rare de voir des courses cyclistes avec plus de 180 concurrents au départ. Le pari Vainqueur n'est donc pas toujours facile à trouver. Mais d'autres paris attractifs existent.
On va prendre l'exemple d'un Grand Prix de Formule 1. On peut ainsi parier sur

– Vainqueur de la course

DIMANCHE 28 MARS

GP de Bahreïn
16:00 Formule 1 - Grand Prix

Verstappen M.	2,10
Hamilton L.	2,60
Bottas, V	9,00
Perez Sergio	12
Norris L.	14
Ricciardo D.	15

Tu le vois, les cotes montent très vite !

– **Vainqueur autre que…**

Verstappen M.	2,10
Tout autre pilote que Verstappen, M	1,45

Si un favori se dégage (ici, le vainqueur des premiers essais), les books proposent ce pari très attractif. Le favori garde sa cote, et celles de tous les autres concurrents sont synthétisés en une seule, ici estimée à 1,45. Si tu fais ce choix et qu'un des dix-neuf autres pilotes que Vestappen remporte le Grand Prix, tu gagneras ce pari.

- Podium ou Top 3

DIMANCHE 28 MARS

GP de Bahreïn
16:00 Formule 1 - Grand Prix

Verstappen M.	1,25
Hamilton L.	1,29
Bottas, V	1,98
Perez Sergio	2,25
Norris L.	3,05
Ricciardo D.	3,15

Un pari Top 3 : si l'un des concurrents finit dans les 3 premiers, c'est gagné.

- Top 6

GP de Bahreïn
16:00 Formule 1 - Grand Prix

Verstappen M.	1,15
Hamilton L.	1,20
Perez Sergio	1,32
Bottas, V	1,32
Norris L.	1,43
Ricciardo D.	1,43

Il s'agit ici de trouver un concurrent qui finira dans les 6 premiers.

– **Top 10** (Qui finira dans les points en Formule 1)
Ici, tu peux voir les cotes des pilotes les moins rapides. Peut-être l'un d'eux arrivera-t-il à intégrer le Top 10, qui sait ?

Raikkonen K.	3,45
Russell G.	6,00
Latifi, N	12
Schumacher, Mick	19
Mazepin, N	20

C'est aussi un pari fréquent et plutôt joué sur les compétitions de biathlon. L'occasion de parier sur un concurrent plus modeste qui arracherait une place d'honneur avec une belle cote.

– **Le pari « Cocorico »**

Un Français finira-t-il sur le podium ?

DIMANCHE 28 MARS

GP de Bahreïn
16:00 Formule 1 - Grand Prix

Oui	6,50

Certains books proposent ce genre de paris, pour suivre en passionné et supporter un concurrent. « **Accélère, accélère !!** » et vibre avec les Français avec ce pari, aussi fréquent sur les compétitions de biathlon, où les les Français sont très performants.

– **Tour le plus rapide**

GP de Bahreïn
16:00 Formule 1 - Grand Prix

Verstappen M.	2,35
Hamilton L.	2,38
Bottas, V	2,55

Un pari spécial F1 où il faut deviner le pilote qui fera le meilleur tour, qu'il remporte ou pas la course, qu'il la finisse même…

→ Boxe

Quelques grands combats ont marqué l'histoire de la boxe… et du monde des paris sportifs : Las Vegas, la capitale du jeu, a souvent été le théâtre de confrontations

épiques où les parieurs américains engagent des sommes mirobolantes... avec les risques de dérives de matchs truqués qui ont fait beaucoup de mal au noble art.
Les paris proposés :

- **Vainqueur du combat**

VAINQUEUR DU COMBAT		
Povetkin Alexander	**Match nul**	**Whyte Dillian**
3,25	23	1,25

Attention à la boxe, un nul est possible, si ni les boxeurs à la fin des 12 rounds ni les juges au moment de leur délibéré n'arrivent à départager les deux sportifs.

- **Type de victoire**

TYPE DE VICTOIRE	
Povetkin, Alexander gagne aux points	15
Povetkin, Alexander gagne par KO ou KO Technique	4,00
Match nul	23
Whyte, Dillian gagne aux points	4,25
Whyte, Dillian gagne par KO ou KO Technique	1,50

Victoire avant la limite (par K.-O. ou K.-O. technique) ou aux points, match nul, tu peux ici parier sur les 5 possibilités de conclusion d'un match.

- **Nombre de rounds**

NOMBRE DE ROUNDS	
Plus de 7,5	1,65
Moins de 7,5	1,75
Plus de 6,5	1,48
Moins de 6,5	14,20
Plus de 8,5	2,05
Moins de 8,5	1,48

Un pari de type under/over, avec ici 3 propositions de *cut*.

- **Vainqueur du combat, et dans quel round**
Un combo où tous les scénarios possibles sont imaginés. Le book propose pour ce match 45 cotes ! Bonne chance !

→Hockey sur glace
Les paris reprennent la structure de ceux du football, avec un choix toujours assez conséquent de propositions.

Les paris combinés sur un même événement

Les combos permettent de multiplier les gains en combinant deux paris. Ces combos sont proposés par le book. Pour le football, le combo **Résultat et les deux équipes marquent** est ainsi très populaire. Pour gagner, tu devras donc trouver le résultat du match et deviner si les deux équipes marqueront... ou pas.

COMBO RÉSULTAT DU MATCH & LES 2 ÉQUIPES MARQUENT	
Espagne & Oui	2,80
Espagne & Non	1,54
Match nul & Oui	7,50
Match nul & Non	14,20
Grèce & Oui	27,50
Grèce & Non	18,80

COMBO RÉSULTAT DU MATCH & TOTAL DE BUTS	
Espagne & Moins de 1,5	5,35
Espagne & Plus de 1,5	1,25
Match nul & Moins de 1,5	14,20
Match nul & Plus de 1,5	7,50
Grèce & Moins de 1,5	25,50
Grèce & Plus de 1,5	19

Espagne & Moins de 2,5	2,50
Espagne & Plus de 2,5	1,54
Match nul & Moins de 2,5	5,70
Match nul & Plus de 2,5	28,50
Grèce & Moins de 2,5	19,50
Grèce & Plus de 2,5	26,50
Espagne & Moins de 3,5	1,62
Espagne & Plus de 3,5	2,30

Trois variantes existent : le combo **Résultat et total de buts**, où tu peux constater que sont proposés pas moins de 14 possibilités de paris, le combo Double chance et les deux équipes marquent, et le combo Double chance et total de buts, basés sur le même principe de double pari en un.

Pour le rugby par exemple, tu peux ainsi jouer le pari **Le joueur marque un essai et son équipe gagne**, qui permet d'améliorer sensiblement les gains par rapport au pari Marqueur d'Essai. Mais attention : un autre paramètre entre en ligne de compte, la victoire de l'équipe du marqueur. Prudence, donc, comme pour tous les combinés.

France - Ecosse
21:00 Tournoi 6 Nations

France		Écosse	
D. Penaud	1,88	A. Vincent	3,40
T. Thomas	1,92	D. Van der Merwe	9,00
A. Dupont	2,00	D. Graham	11

Il existe de nombreux autres combos proposés par les books. On en a intégré beaucoup, tu l'as vu, dans les Paris simples pour que tu aies une vue d'ensemble d'une proposition disciple par discipline. À toi de les sélectionner, ou pas, pour tes paris à venir.

Les paris combinés sur plusieurs événements

Si les books proposent des combos sur un seul événement, tu peux tout à fait en combiner toi-même. Les possibilités sont de fait infinies.

Du combiné simple avec 2 événements au « Mortal combo » de 12 ou 20 matchs, libre à toi de composer ton pari idéal.
Tu t'en souviens, on t'expliquait au début du livre que les cote de plusieurs paris se multipliaient lorsqu'on les jouait ensemble.
Comme dans ce pari par exemple, mixant tennis et football :

Thompson Jordan-Raonic Milos 27/03/2021 - 16h00	Mon pari : Le joueur 1 gagne au moins 1 set	**1,94**
Norvège- Turquie 27/03/2021 - 18h00	Mon pari : Buteur **Haaland, Erling**	**2,28**
Mise totale : 5,00 €		Cote totale : 4,42
Gain potentiel		22,12 €

Les cotes de 1,94 et 2,28 se multiplient et, au final, on obtient bien une cote de 1,94 × 2,28 = 4,42.
On peut toujours augmenter à loisir d'autres variables et augmenter la cote ; cela fait toujours rêver, mais évidemment cela augmente aussi les risques d'échec.

Les paris long terme

Les paris long terme sont appréciés des parieurs expérimentés dotés d'une banque conséquente. En effet, il s'agit ici d'un pari dont le résultat ne tombera que dans plusieurs semaines, voire plusieurs mois.
Typiquement, ce peut être un pari où tu pronostiques le vainqueur d'une saison de football avant même que le premier match n'ait lieu, ou bien en cours de saison. Tu peux aussi deviner le vainqueur d'un tournoi de tennis, comme dans le pari ci-dessous.

DIMANCHE 11 JUILLET

Wimbledon (H) 2021
15:00 Wimbledon {H)

Djokovic Novak	**2,50**
Nadal Rafael	**7,00**
Tsitsipas Stefanos	**8,00**
Medvedev Daniil	**8,00**
Federer Roger	**9,00**
Zverev A.	**12**

À l'heure où nous écrivions ces lignes (mars 2021), nous sommes à quatre mois du début du Tournoi : nous avons peu d'informations sur la forme des joueurs, la façon dont Wimbledon va se dérouler, etc. Les cotes vont donc être plus intéressantes maintenant qu'en juillet, quand la saison sur gazon aura débuté, et où les joueurs fourbiront leurs armes sur cette surface rapide.
Autre exemple avec les finales NBA, qui se dérouleront exceptionnellement en aout 2021 cette saison.
Ce pari, toujours en mars 2021, au moment où ces mots sont écrits, est intéressant : la saison NBA bat son plein, les équipes viennent de peaufiner leurs effectifs avec les derniers transferts, et toute une batterie de résultats permettent, pourquoi pas, d'avancer, un pronostic. Les Lakers conserveront-ils leur titre ? Leurs rivaux des Clippers les laisseront-ils si facilement s'imposer dans la Conférence Ouest ? Et c'est sans compter sur la grosse équipe qui monte, les Nets de Brooklyn ? Et si une équipe surprise s'imposait, comme les Bucks de Milwaukee et son « Greek Freak » Giannis Antetokounmpo ? Les paris sont ouverts !

MARDI 31 AOÛT

NBA 2020/2021
2:00 États-Unis, NBA- Compétition

Brooklyn Nets	3,90
Los Angeles Lakers	3,90
LA Clippers	6,00
Milwaukee Bucks	8,00
Utah Jazz	9,00
Philadelphia 76ers	12

Les paris en live

À l'opposé du pari long terme, il y a le pari immédiat, le pari live, celui du moment présent.
Les paris live ne peuvent pas être pris en point de vente de la Française des Jeux, mais uniquement *via* les books sur Internet.
Le pari en live est particulier et diffère du pari en pré-live car il est pris au moment où le match se déroule, avec des cotes différentes de celles annoncées avant une rencontre. Un groupe s'est échappé dans le col d'une étape d'une course cycliste ? Un joueur important s'est blessé dans un match de football ? Un joueur de rugby a été expulsé, laissant ses coéquipiers à 14 contre 15 ? Une équipe de hand, favorite de son match,

a pris un mauvais départ et est mené 15-9 à la mi-temps ? Le pari live permet de répondre à sa façon aux événements d'un match. Les paris proposés sont exactement ceux que l'on a décrit : il faut juste être réactif et placer son pari au bon moment pour bénéficier d'une cote attractive.
Tous les books proposent aujourd'hui des paris en live, sur un onglet ou une page dédiée. Ils se présentent comme un pari classique, comme pour les matchs de tennis ci-dessous, avec la mention LIVE.

Live	SET 1	• Fratangelo Bjorn Sonego Lorenzo	4 - (0) - 0 5 - (0) - 0	Set 1 : vainqueur	Fratangelo B. 2,32	Sonego L. 1,35
Live	SET 1	Nishikori Kei • Bedene Aljaz	4 - (0) - 15 3 - (0) - 30	Set 1 : vainqueur	Nishikori K 1,76	Bedene A. 1,76
Live	SET 2	Barty Ashleigh 6 • Ostapenko J. 3	0 - (1) - 0 0 - (0) - 0	Set 1 : vainqueur du match	Barty Ashleigh 1,07	Ostapenko J. 4,45
Live	SET 1	• Konjuh, Ana Swiatek Iga	5 - (0) - 0 4 - (0) - 0	Set 1 : vainqueur du match	Konjuh, Ana 1,76	Swiatek Iga 1,76

Il arrive fréquemment que le book suspende un instant un pari, afin de recalculer les cotes, comme dans le match entre Barty Ashleigh et Jelena Ostapenko : la 1re joueuse mondiale vient de remporter le 1er set, et le book ajuste les cotes en conséquence, les parieurs ne peuvent pas miser pour le moment. Les autres paris sont ouverts.
Tu sais, pour placer un pari live, nous on croit qu'il n'y a pas de bonne ou de mauvaise situation. Nous si on devait résumer ces paris avec toi aujourd'hui, on dirait que c'est d'abord des rencontres. Des paris qui nous ont tendu la main, peut-être à un moment où on ne pouvait pas, où nous étions seuls chez nous.
Plus sérieusement, il faut un impératif, selon nous, pour placer un pari en live : regarder l'événement. Sur nos écrans, nous avons en effet des informations sur les rencontres, mais rien ne remplace la capacité du parieur, de visu, à pouvoir se rendre compte de la façon dont se déroule une rencontre. Certains événements sont d'ailleurs retransmis en direct vidéo par les books, et aident ainsi à la prise de décision du parieur. Un parieur comme @prono-nrv aime trouver en live des buteurs sur son sport de prédilection, le hockey sur glace.

NO LIVE !

Des parieurs ne jouent jamais en live. Comme @Torresbetting, @Punter ou @ Outsiderbet, par exemple, qui estiment qu'un pari pris en pré-live est mieux préparé qu'un live. Et qu'une fois qu'il est joué, les dés sont jetés ! « Une analyse d'avant-match ne doit pas être influencée par le scénario d'un match », précise @Cocobido.
@pronosoft_Nou ajoute que les books sont désormais très réactifs sur les lives et ajustent extrêmement rapidement les cotes.

On reviendra sur le live dans la partie II, car il peut avoir un effet bénéfique dans certains cas précis, la recherche de « *value* », et surtout pour ce qu'on appelle la couverture d'un pari (voir page 110).

Les paris systèmes sont des paris de type combis qui intègrent une part de couverture de risque. En effet, sur un combi de trois matchs, on t'a expliqué que la probabilité de réussite se trouve réduite : la cote est haute mais la probabilité de réussite basse.

Un pari système 2 sur 3 te permet de remporter un gain même si l'un des trois résultats est faux. Tu touches en effet le pari du combiné des deux matchs dont tu as correctement deviné le résultat.

Il existe une multitude de paris système. À toi de choisir un seuil minimum de paris correct à trouver dans une combinaison.
- Pour les paris 2/3, 2/4, 2/5, etc., tu touches dès 2 résultats corrects.
- Pour les paris 3/4, 3/5, 3/6, etc., tu touches dès 3 résultats corrects.
- Etc.

Évidemment, plus tu as de résultats corrects sur une combinaison longue, plus les gains seront importants.

Pour les paris système, on te conseille de prendre des cotes comprises entre 2 et 4. En effet, pour un système 2/3 par exemple, joué avec 3 paris de 20 € sur des cotes de 1,75, 1,8 et 1,7, la mise globale sera de 60 €.
Si les 3 paris sont bons, tes gains seront de (20 × 1,75 × 1,8) + (20 × 1,8 × 1,7) + (20 × 1,75 × 1,7) = 123,7 €
Mais s'il y une erreur, tu ne gagneras qu'un pari, par exemple (20 × 1,8 × 1,75) = 63 €, soit un gain sans vraiment d'intérêt de 3 €.

Par contre, pour des paris Nuls au football par exemple, souvent cotés autour de 3, un seul pari gagnant te rapportera (20 × 3 × 3) = 180 €. Voilà qui est mieux !

PARTIE 2

APPRENDRE À GAGNER

GAGNER GRÂCE AUX PARIS

Comme tu l'as compris, tu ne trouveras pas ici la recette miracle pour gagner à tous les coups. Avec la gestion de banque, on te demande de garder en tête que **c'est sur le long terme que l'on est gagnant aux paris**. Les meilleurs parieurs le reconnaissent, c'est la base.
Le deuxième élément très important à retenir est la **notion de value d'un pari**. Cette notion est l'une des plus importantes et fondamentales dans les paris. Un valuebet, ou pari value, est un pari dont le book a sous-estimé la probabilité. C'est ce qu'on pourrait appeler « l'erreur de cote chez le bookmaker ».
L'idée est simple : une value, c'est quand tu estimes, en fin connaisseur, que, par exemple, une cote à 3 ne vaut réellement… que 2 ! Il s'agit d'une notion **subjective** : il n'est écrit nulle part qu'un pari soit « value ».
Garde bien cette notion en tête, on en reparlera en détail dans le point 4.
Ce préambule fait, vient désormais le moment de parier. **On va t'aider, étape par étape, à bien choisir tes paris.** Car il faut être sélectif, très sélectif même !

Le process du parieur gagnant
Ce process est toujours le même. Il tient en 6 étapes incontournables. Un vrai kit du parieur gagnant, qui permet de valider ou pas la prise d'un pari.
6 étapes, 6 actions :

- **> 1. Connaître**
- **> 2. S'informer**
- **> 3. Analyser**
- **> 4. Confirmer**
- **> 5. Décider : parier… ou pas**
- **> 6. Faire un bilan**

Avant de placer un pari, veille à bien respecter ces 6 étapes. Si l'une d'elles devait à ne pas être respecté, pars du principe que ton pari ne vaut pas la peine d'être placé, ou que, quoi qu'il en soit, tu ne mets pas toutes les chances de ton côté. Pour parier, c'est mieux, pourtant, non ? Encore une fois, nous ne te garantissons pas de gagner à tous les coups, tout le monde sait que c'est rigoureusement impossible. En revanche, ce process va te permettre d'éliminer, un à un, les impondérables qui ruineraient tes chances et, au contraire, de valider, étape par étape, un **bon pari**.

Connaître

De manière générale, on ne parie que sur les équipes, les sports, les disciplines que l'on connaît, que l'on aime, que l'on apprécie. Tu adores le championnat allemand de football, les matchs de Pro D2 française de rugby n'ont pas de secret pour toi, et tu es capable de réciter de tête les différents vainqueurs des descentes de ski de la saison d'hiver ? Très bien. Utilise ces connaissances pour parier sur ces disciplines, ces championnats précis.

En effet, tu connais les joueurs, les scénarios de rencontres que tu as pu regarder à la télévision, ou même au stade. Tu connais la culture, l'esprit d'un sport : ce sont des éléments essentiels pour te permettre de bien appréhender un événement.
Regarder des matchs, en visionner d'autres, voilà la valeur ajoutée pour tes paris !

Bien sûr, on peut tout à fait jouer sur des compétitions ou des sports que l'on connait moins bien. Veille cependant à être très attentif à ton niveau de mises, et sois encore plus rigoureux dans ton process de collecte d'informations, lors de l'étape 2.

L'ŒIL DU PRONOSTIQUEUR… ET DU JOURNALISTE

Pour un pronostiqueur expérimenté comme @RagoBetting (Twitter), jouer seulement les ligues ou compétitions que l'on maîtrise est un impératif.
Une règle qu'applique le journaliste et présentateur Grégory Ascher, grand fan et parieur de NFL, le championnat américain de football américain.
Comme eux, sois fort sur tes points forts. Cela permet d'éviter des erreurs grossières, de se disperser, et de voir sa banque fondre comme neige au soleil.

S'informer

L'information est la base de tout parieur gagnant. Cette étape prend du temps, mais elle est indispensable car permet de rationnaliser un pari.
Le hasard a toujours sa part dans un match ou une compétition : c'est justement ce qu'on adore, cette « glorieuse incertitude du sport » ! Il n'y pas d'émotion sans cette part d'incertitude. Il ne s'agit pas ici de tout contrôler, c'est tout simplement impossible. Les sportifs, fort heureusement, ne sont pas des robots : leurs réactions, leurs erreurs, c'est tout cela qui donne du sel à un match de football ou de rugby, et fournit des scénarios que les meilleurs réalisateurs auraient peut-être parfois du mal à imaginer ! Tout le monde a par exemple en tête la victoire de la France *in extremis* contre le Pays de Galles lors du Tournoi des VI Nations : les Bleus, menés de 10 points à 10 minutes de la fin de la rencontre, à 14 contre 15, ont réussi à inverser la vapeur dans les dernières secondes pour finalement s'imposer, grâce à deux essais inscrits en quelques instants… et 2 cartons jaunes infligés aux visiteurs ! C'est pour ces moments-là qu'on adore le sport ! Que certains parieurs aient aimé, et d'autres moins, c'est une autre histoire.
Un favori de biathlon peut être en méforme, un joueur important absent d'une équipe de basket-ball, ou un match de football se dérouler sous la pluie qui va équilibrer les chances des deux équipes, etc. Ces informations vont changer ta perception de l'événement. Ce dernier n'est plus une simple ligne sur ton bulletin ou sur ton book internet, il devient concret, réel.
Il faut donc mettre le maximum d'atouts de ton côté !

L'idée, c'est d'avoir toutes les cartes nécessaires dans son jeu pour prendre la bonne décision.

Au poker, un joueur n'engage jamais ses jetons avant d'avoir pris les informations utiles : l'attitude d'un joueur, la réserve suspecte d'un autre, l'empressement d'un troisième, les cartes dans son jeu, sur le tapis, celles qu'il croit deviner dans le jeu des autres. Dans les paris sportifs, c'est pareil : jamais un joueur n'engage une somme d'argent sans informations fiables, qu'il soit débutant, confirmé ou expert.

L'ŒIL DU JOURNALISTE PARIEUR

Saber Desfarges, journaliste et reporter spécialiste de foot, est aussi parieur à ses heures, « avec parcimonie et avec de petites mises », sur des matchs de Champion's League ou des matchs de Ligues 1 ou 2 françaises, des compétitions dont il suit et alimente l'actualité. La qualité des cotes, sa fine connaissance des joueurs et des équipes lui permettent de temps à autre de placer un pari « *juste pour le kif* ».

Son process ? Connaître sur le bout des doigts la forme des deux équipes sur les cinq derniers matchs, leurs dernières rencontres à domicile ou à l'extérieur, le passif des deux formations lors de la phase aller ou lors de la saison écoulée, et la présence ou pas de joueurs majeurs dans les deux onze de départ. Saber observe attentivement les statistiques disponibles, qui viennent compléter ses observations de connaisseur.

La collecte de ces informations est pour lui « *essentielle* ». Il s'appuie ainsi sur les confidences des joueurs, de leur ressenti, de leur forme avant une rencontre.

Cela fonctionne plutôt bien... malgré des inévitables couacs, comme lors du PSG-Nantes du 15 mars 2021. Pourtant, un joueur du PSG lui avait dit que son équipe était confiante pour ce match ; et en conséquence « que ça devrait le faire », consciente du tournant que cette rencontre pouvait constituer après les nuls de Lyon et Lille... Raté. Le PSG s'est finalement incliné 1-2 à la surprise générale.

Parier, selon Saber, « *c'est d'abord* ***se passionner*** *de la riche matière qu'est le foot et* ***ne rien manquer de son actu*** ».

La passion avant tout, un peu de paris pour pimenter cela. On adhère !

Les sources d'informations sont aujourd'hui multiples. On te conseille particulièrement :

• ***L'Équipe*** : le journal et le site Internet (premium) donnent des informations précieuses sur le contexte d'un match, les conditions dans lesquelles vont se dérouler la compétition ou la rencontre, les enjeux sportifs... ou pas. Les articles des correspondants peuvent être précieux, et donnent un éclairage précis sur une formation ou un sportif : à lire absolument avant de parier sur le sport automobile, le ski, le biathlon, etc.

• **La presse locale ou régionale** : les pages sports de ces quotidiens sont de véritables mines d'informations, notamment pour les paris à venir sur les sports d'équipe. Les articles sont en général très fouillés, et vont plus loin que ceux que l'on trouve dans la presse nationale, plus synthétiques. Les journalistes sont sur place, tous les jours, ils connaissent les sportifs par cœur.

• **Une sélection de sites Internet d'information sportive générale** : de nombreux sites, comme Sport24.com par exemple, permettent d'avoir accès à une présentation des événements à venir. À chacun de choisir un ou plusieurs sites qu'il apprécie.

• **Une sélection de sites Internet sportifs spécialisés** : il existe une presse magazine spécialisée de qualité qui permet d'assoir ses connaissances d'une discipline. Elles sont intéressantes mais, trop éloignés d'un événement, inutiles, au contraire des sites Internet, par définition plus réactifs, et qui diffusent une information pertinente dans le processus de collecte d'informations sur un match ou une compétition à venir.

• **Les sites et forums de supporters** : les supporters les plus passionnés se retrouvent très régulièrement sur ces pages. Certains d'entre eux suivent les entraînements des joueurs, discutent même avec eux. Un joueur arrive en boitant bas ou avec un bras en écharpe à l'entraînement ? L'info sera sur le forum en premier !

• **Les podcasts de fans, de journalistes, d'anciens joueurs** : ce sont souvent de belles sources d'information, avec des amateurs passionnés ou des pros dédiés à leur sport.

• **La radio RMC** : LA radio du sport, avec des conseils quotidiens sur les « paris RMC » et, tous les samedis, une émission dédiée d'une heure : des infos, des conseils, des propositions de paris. Complet et indispensable.

• **Les sites de statistiques** : à chaque sport, son site dédié ou presque, et il serait ici trop long d'établir une liste complète de l'offre. Pour le football par exemple, sport le plus joué par les parieurs, on te propose ;

- Soccerstats.fr : toutes les statistiques sur tous les championnats, en anglais. Nombre de buts marqués, confrontations directes, performances domicile/extérieur, etc. Bref, tout y est !
- Footystats.org : un site en anglais, très complet. Donne des tendances très utiles, cible les équipes selon leur potentiel défensif, offensif, afin de placer des paris sur des bases statistiques fiables.
- FlashScore.fr : en français, très complet, avec aussi les cotes proposées par les principaux books, ou celui sponsorisé par le site. L'important est ici d'avoir une tendance de cette cote.
- Pronosoft.Com : pour sa partie Classements, avec de belles statistiques compilées, sur les plus gros écarts, les séries de victoires, nuls, ou défaites, à domicile à l'extérieur. Indispensable. Et on t'en reparlera si tu es fan de grilles.
- Betexplorer.com : avec des statistiques très intéressantes sur d'autres sports.
- Ruedesjoueurs.com : outre des conseils de paris, tu peux y dénicher une analyse complète de tous les matchs, et un état des lieux complet des absences (blessés, suspendus) dans chaque équipe.
- Mediapronos.com : un site malin pour dénicher des infos introuvables ailleurs. Depuis dix ans, leur marque de fabrique est la suivante : « *Notre principale force est l'information, trouver la bonne info pour proposer le meilleur pronostic.* » Formule payante aussi pour les conseils en paris sportifs.
- Prono-sports.com : le dernier-né dans la galaxie des sites de conseils, avec des classements et des statistiques exclusives. Payant.
- Bonprono.com : des conseils pertinents, des propositions de paris.

Les réseaux sociaux sont un outil puissant pour accéder à ces informations. **Un compte Twitter bien utilisé permet de faire une veille permanente, et de ne pas louper d'infos importantes.**

Une seule information suffit parfois pour faire basculer un pari. Avec deux avantages :
- Il donne du **poids** et du **crédit** au pari. Une info décisive, un vrai tuyau, cela permet mettre toutes les chances de son côté pour le gain.
- La rapidité avec laquelle le parieur va profiter de cette information est ici déterminante : l'intérêt ? Placer le pari avant que le book ne dispose lui aussi de cette information et procède au changement de cote. Et donc **placer un pari avec de la value** (valeur).

Analyser

Pour réussir dans les **paris sportifs**, il est indispensable de se baser sur des données. Un parieur comme Olivier alias @Outsiderbet s'appuie exclusivement sur ça :
« *Je ne me base uniquement sur des données statistiques et mathématiques. Une fois que les statistiques concordent avec mon système mathématique, je pose le pari. La cote est comprise dans mon mode de calcul* ».
Nul doute qu'Outsiderbet a lu les travaux du prix Nobel Daniel Kahneman sur notre cerveau. Selon le scientifique, notre cerveau travaille de deux manières. *Via* le système 1, celui des intuitions et des pensées les plus immédiates. Et le système 2, celui de la lenteur et de l'analyse. On te laisse deviner quel système est le plus fiable pour les paris sportifs : alors oui, prends ton temps, n'envoie pas de paris à chaud parce que là vraiment « tu le sens bien ». Tu es le vrai maître du temps et des horloges. C'est pourquoi nous conseillerons aux débutants de ne pas se lancer dans les live trop tôt, et d'attendre donc d'accumuler un peu d'expérience sur les paris classiques en pré-live.
Malgré la qualité des sites mentionnés plus haut, il n'est pas toujours évident de se procurer des **statistiques fiables** sur tous les événements avant de parier. C'est tout de même de plus en plus rare grâce à la puissance du web. Profites-en.

Quels paramètres prendre en compte ?

• Les paramètres « Contexte »
Il s'agit ici de recenser des informations qui permettront de mieux appréhender l'événement sportif, les conditions dans lesquelles il va se dérouler, et de connaître ainsi ce qui pourrait éventuellement influer sur le résultat final.

– Le lieu de la rencontre
Ce n'est pas toujours anodin : l'événement aura-t-il lieu en altitude ou au niveau de la mer ? Les concurrents ou les équipes devront-elles faire un long déplacement ? Les amateurs de football savent que les matchs de l'équipe nationale de Bolivie sont toujours très particuliers, à cause de l'altitude du lieu des rencontres : la capitale La Paz est en effet située à 3 640 m au-dessus du niveau de la mer, et le manque d'oxygène à ces hauteurs peut handicaper l'équipe visiteuse.

– Le calendrier

Attention à cet élément. Dans les sports collectifs, les résultats des rencontres de début de saison des équipes promues par exemple sont parfois très bons. Les grosses équipes montent en puissance et les petites essaient de glaner des points. *A contrario*, attention aux matchs de fin de saison, parfois dénués d'enjeu et propices à de belles surprises.

– La météo

Les terrains détrempés par une pluie abondante, les ballons qui fusent sur la pelouse, ou le ballon qui glisse des mains des rugbymen (comme lors du dernier France-Écosse de mars 2021, un élément dont il fallait tenir compte dans son pari), etc. Toutes les disciplines en extérieur sont concernées par cet aléa… sauf en cas de stade équipé de toit rétractable.

– Le stade/la surface

Pelouse naturelle ou synthétique pour les sports collectifs, et pour le tennis, terre battue, gazon, ou dure ? Et la neige, rapide ou pas pour le ski ? Tout cela peut avantager un profil de compétiteur, plus à l'aise sur telle ou telle surface. Une notion essentielle au tennis.

– En public ou pas ?

La crise du COVID l'a démontré pour le football, les équipes à domicile n'ont plus bénéficié de l'impact du public. Les supporters, absents des stades, ne permettent plus de pousser une équipe, et d'influencer la décision d'un arbitre. « *L'avantage de jouer à domicile de l'équipe chute de 50 % quand le match est joué dans un stade vide* » déclare ainsi Carlos Cueva dans une étude menée en octobre 2020 (source : https://t.co/nWSkDJvYyM?amp=1).

- **Les paramètres « Compétiteurs »**

– Les compositions d'équipe

Pour les sports collectifs, il s'agit ici d'un paramètre essentiel. Un joueur important peut laisser un grand vide dans une équipe. Au basket, dans ce sport de 5 contre 5, c'est encore plus important. Attendre une composition d'équipe peut être plus prudent, à moins de parier à l'avance sur l'absence d'un joueur clé !

– La forme des joueurs

Sur une saison de sport, un compétiteur a des hauts et des bas, à moins de s'appeler Lewis Hamilton, Rafael Nadal ou Benoit Paire (on t'aime Benoit, vraiment). Il faut guetter les signes de fatigue d'un joueur. Une victoire à l'arraché d'un Top 10 de tennis il y a peu ? Au contraire une forme internationale d'un joueur de rugby ? Prends l'info !

– Le style de jeu des joueurs

Certaines équipes sont plus à l'aide que d'autres face à des équipes défensives, ou très offensives. Il peut aussi y avoir de réelles oppositions de styles entre deux formations. Cela peut-il influer sur le résultat ?

– Les blessés, les suspendus, les absents pour raison personnelle (avec mot des parents seulement)
Dans une équipe, ces absences influenceront directement la composition d'équipe. Dans un sport individuel, comme le cyclisme par exemple, l'absence d'un favori potentiel peut laisser le champ libre à son principal concurrent. Des infos importantes à glaner, donc.

– Le mental des joueurs
Un joueur sur le point d'être transféré ne jouera peut-être au maximum de ses possibilités pour éviter de se blesser. Au contraire, voudra-t-il mettre un point d'honneur à quitter son public et ses coéquipiers sur une belle performance ? Si une décision est sur le point d'être prise sur son avenir professionnel, cela peut aussi influencer sa performance. À toi d'évaluer cela.

– La vie des joueurs
La plupart du temps, « *cela ne nous regarde pas* » mais parfois certains sportifs font malgré eux la Une de l'actualité ailleurs que dans la rubrique Sports de. Des soucis personnels peuvent très bien déranger un joueur. Par exemple, le parisien Angel Di Maria a appris pendant un match en mars 2021 qu'un cambriolage avait eu lieu chez lui en présence de sa famille. Cet événement va-t-il perturber sa fin de saison ?

– La vie de l'équipe (« le groupe qui vit bien », ou pas)
Ah, la fameuse antienne du « *groupe qui vit bien* » asséné avec plus ou moins de convictions par les joueurs ou l'entraîneur. Est-ce vraiment le cas ? Les joueurs forment-ils un groupe soudé ? Cette info peut faire sens dans les compétions longues, de type Coupe du monde ou Jeux Olympiques, où des individualités doivent apprendre à cohabiter pendant de longues semaines. Certaines équipes ne sont pas assez unies et perdent pied à cause de ce manque de cohésion.

– Les entraîneurs, les coachs, la préparation des sportifs (notamment les changements d'habitude récents)
Il y a le terrain, les joueurs, mais aussi ceux qui préparent les rencontres ou les compétitions des sportifs. Un changement d'entraîneur a-t-il eu lieu récemment ? A-t-il changé les habitudes des joueurs ? Cela peut-il avoir un impact, ce fameux « choc psychologique » tant espéré ?

– Le calendrier des matchs à venir
Tous les sportifs et les entraîneurs ont l'œil sur le calendrier. Parfois, une compétition n'est qu'un galop d'entraînement avant l'objectif réel du sportif. C'est parfois le cas sur des courses cyclistes avant le Tour de France, ou l'objectif affiché des matchs amicaux de football. L'investissement du sportif, sa motivation, ne seront peut-être pas les mêmes.

– L'intérêt sportif de la rencontre : enjeu et contexte psychologique
On rejoint le point précédent, mais avec une dimension supplémentaire, celui du contexte psychologique, la « pression » du résultat. Un sportif n'abordera pas avec les mêmes dispositions un match de finale de Coupe du monde devant

100 000 personnes et un simple match amical de présaison ; un joueur se sublimera, un autre sera complètement inhibé par l'enjeu. Et comment va réagir une équipe ? L'équipe de France de rugby devait absolument s'imposer par 20 points d'écart face à l'Écosse pour espérer remporter le Tournoi des VI Nations 2021. A-t-elle déjoué à cause de cet encombrant objectif ? Ce n'est pas impossible ! (La France a finalement perdu 23-27.)

- **Les paramètres « Statistiques »**

– Le classement

C'est un peu le premier réflexe, c'est le bon, mais il ne doit pas être le seul critère de sélection d'un pari.

– Le classement sur les 5 derniers matchs

La forme du moment élément est essentiel dans les paris sur les sports collectifs. L'équipe a eu de bons résultats récemment ou, au contraire, vit des moments difficiles avec de nombreuses défaites ? Cela donne un bon indicateur de la forme ou la méforme d'une équipe.

– Le niveau des 5 derniers adversaires

Attention, une équipe peut avoir un bilan désastreux (4 défaites, 1 nul) face à des adversaires très forts. Il faut parfois relativiser cette information du classement des 5 derniers matchs.

Au tennis, ou dans d'autres sports, attention aux **bêtes noires**, ces adversaires contre lesquels il est toujours (et ce quel que soient les conditions, le favori, les forces en présence) difficile de s'imposer.

– L'historique des rencontres/des compétitions

Pour les sports individuels, il s'agit ici de vérifier le comportement des sportifs lors de l'édition précédente d'un tournoi de tennis, ou d'un grand prix de F1 : certains ont des affinités particulières avec un lieu, et sont particulièrement à l'aise, d'autres non, au contraire !

Pour les sports collectifs, il faut vérifier les confrontations entre deux équipes, l'historique du match aller, de la saison passée, etc. Une expulsion d'un joueur avait-elle perturbé la rencontre ? Un blessé ? Une vérification s'impose.

– Les fins de série éventuelles

Une règle simple doit être rappelé ici : plus une série est longue, plus elle a de probabilités de s'arrêter. En effet, un sportif ou une équipe ne peut pas gagner, ou perdre, éternellement. Ou alors c'est rarissime (sauf pour l'équipe nationale de football de San Marin). Être amateur de fin de série, c'est parier contre la tendance. Une fin de série n'est pas systématique. En clair, **on ne parie jamais automatiquement sur une fin de série en se disant qu'elle va finir un jour** : il faut compléter son analyse, comme pour un match normal, et chercher la value du pari, si elle existe.

– Les événements récurrents (ou très fréquents)

Observe aussi attentivement – notamment grâce à des sites de statistiques – les équipes ou les joueurs chez qui des événements récurrents ont lieu.

Sur les dix derniers matchs, une équipe a marqué + de 2,5 buts à 9 reprises ? Voilà une bonne information.
Un pilote de Formule 1 a toujours fini dans le Top 10 depuis le début de la saison ? Si la cote est intéressante, c'est un pari à prendre !
Conclusion : Les analyses demandent du temps. Quand la carte du jour est importante, il ne faut pas hésiter à être très sélectif. Faire des choix, c'est essentiel. Il faut sans cesse affiner ses analyses, chercher le meilleur pari possible. Mais une analyse conclue par une belle trouvaille, c'est très satisfaisant.

Confirmer

Cette étape consiste à valider définitivement son pari et à trouver la meilleure cote possible, afin d'avoir la confirmation que le pari est le bon, et passé dans les meilleures conditions possibles.

– Comparer les cotes entre les books

BOOK	LUXEMBOURG	NUL	PORTUGAL
Winamax	25,00	7,75	1,15
Unibet	22,50	7,60	1,14
Betclic	22,00	7,65	1,14
Parions Sport en ligne	24,00	7,40	1,12
Zebet	19,00	7,00	1,12
Pokerstar sport	17,00	6,50	1,14
Parions sport	23,00	7,25	1,10
France pari	19,00	6,50	1,12
NetBet	19,00	6,50	1,12
PMU	17,00	7,50	1,09
MOYENNE	20,75	7,17	1,12
MEILLEURE	25	7,75	1,15

Fin de série : la Masterclass d'Hervexx

Série de victoires, de nuls ou de défaites, toute série s'achève bien un jour. Prenons plusieurs exemples pour expliquer cette notion de « fin de série ».

Les matchs nuls
Au foot, le match nul est l'événement qui arrive le moins souvent.

Saison 2018/2019 Ligue 1

164 victoires à domicile	**43,2 %**
110 matchs nuls	**28,9 %**
106 victoires à l'extérieur	**27,9 %**

Saison 2017/2018 Ligue 1

173 victoires à domicile	**45,5 %**
96 matchs nuls	**25,3 %**
111 victoires à l'extérieur	**29,2 %**

Saison 2016/2017 Ligue 1

186 victoires à domicile	**48,9 %**
94 matchs nuls	**24,7 %**
100 victoires à l'extérieur	**(26,3 %**

Donc, d'un point de vue probabilité, tu peux faire un nul mais pas 15.
Voir une équipe faire une série de 2 nuls de suite... Ça peut arriver.
Voir une équipe faire une série de 3 nuls de suite... Ça peut arriver mais c'est déjà plus compliqué.
Voir une équipe faire un nul 4 fois de suite... Ça n'arrive quasiment jamais sur une saison.
Etc.

Par exemple, sur la saison 2018/2019, quelles ont été les plus longues séries de Nuls ?
Angers : 2 séries de 5 nuls.
Amiens : 1 série de 4 nuls.
Bordeaux : 1 série de 4 nuls.

Il peut donc être judicieux, après 3 nuls d'une même équipe de L1, de parier sur le fait qu'elle n'en fasse pas un quatrième de suite, et donc parier sur sa victoire ou sa défaite.

Les séries de victoires des grandes équipes
Il existe des équipes hors normes sur lesquelles les statistiques ne semblent avoir aucun effet, comme lorsqu'une équipe comme le PSG enchaîne 14 victoires de suite comme au début de saison 2018/2019, ou que Manchester City en Premier League enchaîne aussi 15 victoires lors de la saison 2020/2021. Ce sont des équipes hors normes pour leur championnat, elles peuvent réussir ce genre d'exploits. Évite de parier contre ces clubs (même si tu es marseillais et souhaite ardemment voir chuter les Parisiens !).
En revanche, si une équipe de milieu de tableau enchaîne les victoires (à partir de cinq, on peut considérer que c'est une anomalie), il ne faut pas hésiter à jouer contre elle.

La défaite d'une grosse équipe
Un bon parieur va vouloir chercher la belle cote. Et plus la série a duré, plus la cote sera belle. En 2021, Liverpool était ainsi invincible à domicile depuis plus de 4 ans. Un record incroyable ! Mais l'équipe était moins performante cette saison. Et si cette série s'achevait ? Burnley, équipe de milieu tableau/fin de classement anglais, dont la victoire était cotée à 11, se présente à Anfield, vide pour cause de COVID.
Burnley avait battu Arsenal à l'extérieur juste avant (déjà un bel exploit) et Liverpool avait aligné les performances quelconques, dont un match nul, quelques jours avant, contre le 19e West Brom (1-1).
Une petite mise est placée sur cette équipe de Burnley avant le match, et une autre en live quand Liverpool semble patiner. À quelques minutes de la fin, Burnley marque sur une de ses rares occasions !
La défaite de Liverpool était comme écrite après 94 matchs sans défaite.
Puis Liverpool a perdu tous ses matchs à domicile en championnat, une série historique en chassait une autre !

Il est toujours conseillé, si tu es inscrit chez plusieurs books, de pouvoir comparer les cotes proposées. Il existe des comparateurs de cotes très pratiques, comme coteur.com et les écarts parfois importants sautent alors aux yeux.
Par exemple, pour le match Luxembourg-Portugal du 30 mars 2021, les cotes de la victoire du Luxembourg varient de 17 à 25 selon les books !
C'est pourquoi on conseille d'ouvrir plusieurs comptes dès que tu auras pris un peu de bouteille. Les bonnes affaires peuvent un jour se faire chez un book, le lendemain chez un autre.
Souvent, sur ces mêmes sites, est indiqué la tendance, à la hausse, à la baisse, ou stable d'une cotation.

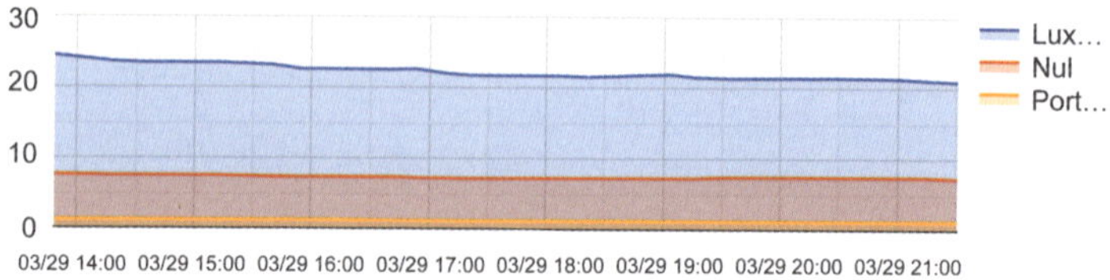

Toujours pour ce match Luxembourg-Portugal, on peut constater la baisse régulière de la cote pour la victoire du Luxembourg. Si tu voulais jouer la surprise luxembourgeoise, mieux valait avoir pris le pari plus tôt.

– Vérifier la pertinence de la cote

Il s'agit ici d'une simple vérification, comme dans l'exemple ci-dessous.

Ici, l'exemple est même poussé jusqu'à l'absurde. Chez ce book, les victoires ou le nul valent moins cher que leurs équivalents + 1,5 buts. Si tu avais idée de jouer Bayern et + de 1,5 buts, ravise-toi et joue plus simplement le Bayern « sec » : la cote est meilleure.

– Regarder les tendances des parieurs sur le book en ligne

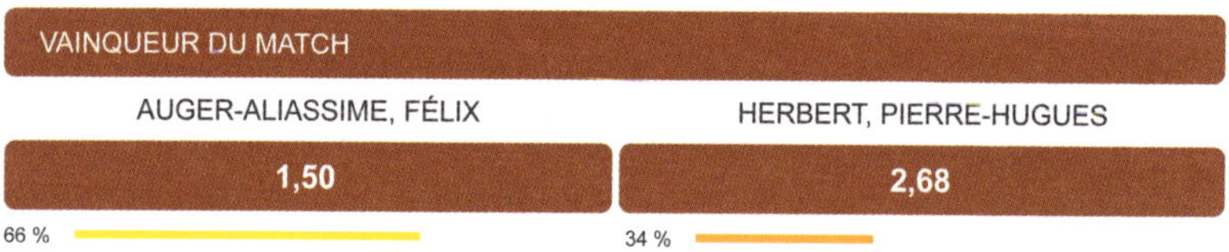

C'est un indicateur qui peut t'aider : désormais de nombreux books indiquent la proportion de parieurs s'engageant sur tel ou tel choix. Ici, 66 % des joueurs plébiscitaient Félix Augier-Aliassime, et 34 % Pierre-Hugues Herbert. À toi de voir si cela te conforte dans tes choix… ou pas sachant que la majorité n'a pas toujours raison !

– Être conseillé par des parieurs confirmés

D'excellents parieurs partagent sur les réseaux sociaux quelques-uns de leurs paris. Si tu le souhaites, tu peux même suivre leurs conseils et jouer comme eux.

Suivre quelques comptes dans lesquels tu as confiance peut aussi faire sens, notamment sur les grands événements populaires où de nombreux parieurs s'engagent. En plus, certains parieurs présents sur ces réseaux justifient leurs choix, argumentent, et te permettent de te conforter dans ton choix.

Et si des amis partagent ta passion des paris, n'hésite pas à solliciter des avis auprès d'eux… Enfin, surtout ceux en réussite !

– Faire confiance à des sites VIP

Les VIP sont des parieurs ou des groupes de parieurs qui dispensent conseils et paris contre le paiement d'un abonnement, la plupart du temps, mensuel. Les VIP ont fleuri avec le boom des paris sportifs, et malheureusement, encore trop de personnes malhonnêtes sévissent : les résultats sont médiocres, les pratiques douteuses. Prudence donc avant de s'engager avec un tel partenaire.

VIP OR NOT VIP ?

Notre ami Fab de MediaPronos – par ailleurs excellent parieur (voir sa Masterclass sur la Value)dresse pour nous la liste des points importants à vérifier avant de s'engager chez un VIP.

« – Le bilan : il est communément admis dans ce milieu que pour pouvoir juger un pronostiqueur, il faut un bilan d'au moins 500 paris. Il faut toujours s'assurer que le bilan soit visible et bien réel (tous les pronostics publiés sont bien présents dans le bilan).

– L'historique : cela va de pair avec le bilan. Pour s'assurer de l'honnêteté du pronostiqueur, il faut s'assurer qu'on peut remonter chacun des 500 paris du site ou plus, et vérifier qu'ils ont bien été postés avant le match.

– La gestion des mises : on ne peut pas faire de suivi de pronostiqueur sans une indication de mise précise sur chacun de ses pronostics, en euros et surtout en % de bankroll. Si votre « expert » n'a pas d'indice de mise, fuyez !

– Arrêter un éventuel abonnement en un clic : c'est surtout ici qu'on voit tout type d'arnaques. Il faut pouvoir couper l'abonnement très simplement sur son profil utilisateur sur le site sans devoir envoyer de lettre recommandée ou autre type d'intéraction chronophage.

– Une communauté réelle : point assez important, plus les membres échangent (à travers un chat, un telegram, des commentaires sur des articles, etc.) plus la communauté est réelle, et plus le projet est sérieux. De trop nombreux pronostiqueurs diffusent des pronostics et ne permettent pas aux membres d'échanger : ils se coupent donc de toute critique et c'est là qu'il faut flairer le mauvais plan.
– Le « Satisfait ou remboursé » : c'est un peu le Graal pour savoir à quel point le pronostiqueur est bon et honnête. Encore trop peu de sites offrent cette garantie, et seuls les plus fiables se permettent de l'offrir.
– Une entreprise basée en France et une date de création ancienne : généralement les mauvais pronostiqueurs/les arnaques sont basés hors de France, car légalement le recours quelle que soit l'arnaque est difficile, voire impossible.
– La disponibilité : on devient difficilement un parieur gagnant sans aide, sans réponses à ses questions, sans quelques échanges avec des parieurs pro ou experts, parfois même sans formations. Ainsi un site qui permettra cet échange et qui montrera qu'il a envie d'aider les parieurs à devenir de meilleurs parieurs a beaucoup de chances d'être considérés comme honnête. À titre d'exemple, sur MediaPronos, nous avons mis en place un système d'appel téléphonique de bienvenue (pour présenter le site et définir une stratégie avec le membre qui nous a rejoint) et des appels de suivi individuels et réguliers pendant lesquels le membre échange avec l'expert et reçoit des conseils personnalisés, ce qui lui permet de progresser.
Gagner aux paris sportifs n'est pas chose facile, mais en étant au bon endroit on augmente ses chances de réussir. En revanche, au mauvais endroit, on se tire une balle dans le pied d'entrée. Voici quelques conseils pour éviter de se retrouver au mauvais endroit :
– Favoriser un site Internet et éviter Snapchat et les réseaux sociaux.
– Vérifier la présence d'une vraie communauté.
– Éviter un site qui n'a pas de bilan et parle uniquement en pourcentage de réussite.
– Attention aux promesses disproportionnées juste pour attirer.
– Vérifier les CGV (Conditions Générales de Vente), RGPD et que l'entreprise existe vraiment (notamment avec le SIRET).
– Les matchs truqués existent mais ne sont pas en vente sur les réseaux sociaux, jamais ! »

Décider : parier… ou pas

– Rechercher la value

Ah, les value ! Tous les parieurs en ont entendu parler, mais peu savent ce que recouvre réellement cette notion. Un pari value n'est pas synonyme de pari avec une grosse cote… comme un pari avec une cote à 1,30 peut être value.
Car la value est un indicateur subjectif. **C'est toi, grâce à tes analyses, qui va arriver à la conclusion que ton pari est value**.

L'ŒIL DES PARIEURS

Rago Betting et Le parieur Fab du site MediaPronos nous livrent leur sentiment sur les paris Value.

Rago Betting

« Pour préparer un pari, je présélectionne tout d'abord des matchs qui semblent Value selon deux modèles statistiques complémentaires que j'ai développés. Ensuite, je regarde les dynamiques des équipes en analysant les dernières physionomies de matchs et enfin je checke les éventuelles infos tels que les joueurs suspendus/absents ouù les épidémies de COVID ainsi que le calendrier des équipes (enchaînement de matchs, match de championnat entre des matchs de Ligue des Champions, etc.). Une value est tout simplement une cote proposée qui est plus élevée que la cote qu'on estime. Une cote à 1,35 peut être value si on estime qu'elle vaut 1,20. Une value n'est pas lié à la taille de la cote.

Puis, quand la cote sort, l'incertitude est plus élevée car le match est lointain. Beaucoup de choses peuvent se passer d'ici là comme des blessures de joueurs, par exemple. C'est pour cela que les marges des book sont plus importantes et vont baisser jusqu'au coup d'envoi du match. Cependant au coup d'envoi du match, nous aurons beaucoup d'informations sur le match en question et les cotes seront donc encore plus fiable. Il y a donc des avantages et des inconvénients à jouer tôt ou tard.

Par exemple, la cote d'ouverture du PSG à Barcelone était de 2,80, puis, suite à la blessure de Neymar et aux résultats récents du PSG, la cote a terminé à 4,50 ! Et le PSG s'est tout de même imposé facilement. Avoir le bon timing pour prendre la cote est donc très important pour être gagnant. »

Fab de Media Pronos

« La notion de value est très importante dans les paris sportifs : la comprendre et réussir à l'appliquer, c'est se donner l'opportunité de battre le book sur le long terme (et donc d'être gagnant !). ***Un parieur trouve une value quand il estime que la cote fixée par le site de paris sportifs est supérieure à la cote qu'il estime correcte****. C'est-à-dire que selon le parieur les chances de gagner en jouant ce pari sont supérieures à celles estimées par le site de paris sportifs. Pour autant, cela ne garantit bien évidemment pas d'être gagnant à tous les coups !*

Prenons un exemple extrême : le PSG joue en Coupe de France avec son effectif au complet contre une équipe amateur de 6e division. La cote correcte de la victoire est d'environ 1,05 et le site de paris sportifs fixe une cote de 1,50 pour la victoire du PSG. Si tel est le cas, la value sur le PSG est colossale. Inversement, si PSG annonce envoyer à ce match son équipe de juniors U19, et bien la cote réelle du PSG est censée être plus élevée : quand le book sera au courant il augmentera la cote.

Bon, tu te doutes bien qu'on bat plus souvent le book sur les petits championnats (Suisse, Lettonie, Lituanie, Bosnie, Suède, Norvège, Monténégro, Gibraltar, etc.) que dans les compétitions majeures. Ceci dit, il est quand même possible d'en trouver aussi dans les championnats majeurs en anticipant au maximum.
Ainsi une value est souvent repérée grâce à une information décisive sur un match, dont le site de paris sportifs n'a pas encore pris connaissance. Le parieur possède donc une information que le site de paris sportifs n'a pas, et n'a donc pas utilisé dans la décision de sa cote. Avoir ces informations avant le site de paris sportifs te permet de profiter de très grandes values.
Voici quelques exemples déjà trouvés par Mediapronos sur des paris football gagnants :
– Un calendrier chargé pour le Shakhtar Donetsk, l'entraîneur a annoncé qu'il allait laisser au repos la plupart des joueurs titulaires.
– Le Panama n'a pas payé les billets d'avion à ses joueuses jouant à l'étranger et aligne quasiment une équipe composée de joueuses locales, bien inférieures aux joueuses évoluant à l'étranger.
– Le coach du FK Zvijezda 09 a annoncé qu'un virus a touché l'équipe, 13 joueurs sont malades, seulement 6 joueurs pros et des jeunes sont disponibles pour le prochain match.
– 80 % de l'effectif de l'équipe de Setubal est affecté par un virus de la grippe, son adversaire, le Sporting, ne devrait en faire qu'une bouchée.
– Le Steaua Bucarest a officiellement déclaré aligner son équipe B puisque ce match aura lieu entre deux matchs décisifs de playoff pour le Steaua.
– Glacis United (Gibraltar) a vu partir tous ses joueurs professionnels en février dernier pour salaires impayés, ils vont donc faire jouer les jeunes.
– le Torpedo Kutaisi (Géorgie) est en crise, il reste seulement 7 joueurs de l'équipe professionnelle disponibles, les autres sont partis, ils devront faire jouer des jeunes.
– Les trois gardiens d'une équipe en Bulgarie sont blessés, elle ne peut pas faire jouer les gardiens de la réserve et devra faire évoluer son entraîneur des gardiens dans les cages (âgé de 43 ans, et dont le dernier match officiel a lieu il y a 7 ans).
Et des values comme ça, il y en a énormément chaque année. Ma préférée restera quand même celle concernant l'équipe de rugby des îles Féroé. L'IF Fuglafjørður affrontait Skala (2020). Les books ont sorti les cotes de ce match en tenant compte des informations de l'année précédente. Ainsi Skala était très favorite (cote 1,10) et Fuglafjørður outsider (cote 20). Ce qu'ils ne savaient pas, c'est que Skala avait perdu quasiment tous ses joueurs et allait faire jouer une équipe jeune et inexpérimentée. Fuglafjørður n'était certes pas une bonne équipe,mais ce match, c'était quasiment du « 50/50 ». La cote la plus adéquate de Skala était 2,50 et celle de Fuglafjørður 2,50 aussi. Les parieurs ont donc profité de Fuglafjørður à 20 qui n'en valait en réalité que 2,50 (la cote fut modifiée juste avant le match, mais trop tard !). Les parieurs ont donc joué une cote de 20 (5 % de chances de la gagner selon le book) qui en valait en réalité 2,50 (40 % de chances de gagner selon le parieur). **»**

– Parier…

Grâce à tes informations, ton analyse est validée, ta recherche de value positive, ton pari prêt à être validé. Go !

L'ŒIL DU PRONOSTIQUEUR

@Outsiderbet.com, fondateur du bet2invest.com, qui valide et certifie tes pronostics, raconte son expérience autour des matchs Nuls et de sa recherche de la *value* :

« Lorsque j'ai voulu commencer, j'ai d'abord décortiqué les championnats où il y avait environ 33 % de matchs nuls en moyenne. Ensuite, j'ai étudié chacun des championnats en recueillant toutes leurs statistiques depuis 2012. À l'issue de cette étude, j'ai sélectionné 7 ou 8 championnats qui me paraissaient suivables non seulement pour moi mais surtout pour mes followers. En effet, être Tipster, de mon point de vue, c'est pouvoir donner ses pronostics aux autres sans qu'il y ait de chutes de cotes (ou alors très faiblement), sinon ça n'aurait aucun sens !

Avant chaque journée de championnat, je me penche sur chaque rencontre que j'étudie de manière statistique.

Prenons un exemple concret : le match entre Auxerre et Paris FC (Ligue 2) du 13 mars 2021.

À la base, ces deux équipes ont une tendance assez similaire, proches au classement, attaques et défenses de mêmes profils, le nombre de nuls de ces deux équipes, etc.

J'attends donc l'ouverture de la cote du Match Nul qui démarre à 3,09 (le 9 mars 2021). Cette cote d'ouverture me permet de calculer la probabilité donnée par le book pour le Nul sur ce match avec le calcul suivant : (1 / 3,09) x 100 = 32,36 %

Nous sommes donc dans les clous concernant la vision que j'ai de ce match (Probabilité du Nul) et la vision du trader du book.

Pour moi, cette cote est bien ajustée par le booket il n'y a donc aucune value, àmon sens, sur ce match !

Cependant, le travail ne s'arrête pas là ! Au fil des jours, la cote est montée, passant de 3,09 à 3,18, puis jusqu'à 3,29 avant de terminer à 3,26 le jour J. J'ai donc eu le Nul à 3.26 alors que le book l'avait estimé à 3,09 au départ. J'ai donc gagné 0,17 entre l'ouverture et la fermeture, et le match s'est soldé par un 0-0. C'était donc « value» (parier avec de la valeur) de mettre son argent sur ce match. Certes, sur ce match, je n'ai pas battu la fameuse «Closing Odds » (cote de fermeture), mais je l'ai égalée ce qui est déjà beaucoup ! »

Le pari idéal, c'est quoi au juste ? Ah la grande question ! Les pragmatiques te répondront que c'est le pari gagnant, et ils auront en partie raison. Mais un pari perdu bien analysé, avec une belle value, posé dans les règles de l'art de la gestion de bank, est le pari « sans regret » par excellence.

Pour débuter, on aime :
- les paris simples ;
- avec des cotes entre 1,5 et 1,8 ;
- et des mises de 1 à 2 % de sa bank.

Ce sont des paris directs, sans chichis, qui permettent de se faire la main, de voir sa bank monter doucement mais sûrement.

– … ou pas

Au contraire, il manque un élément, tu as un doute, voire une part d'intuition (qu'il faut savoir écouter, parfois) te dit de t'abstiendre. Alors, ne parie pas. Il y aura des centaines d'occasion, tous les jours ou presque, pour le refaire.

On ne parie jamais pour parier. Un parieur gagnant est un parieur qui ne jouera pas tous les jours. C'est, par exemple, le leitmotiv d'un site de conseils en pari, Bonprono. com.Dans ce cas, ne pas parier, c'est aussi le premier moyen de... gagner de l'argent !

Un pari particulier : le pari de couverture

Le principe de couverture est, selon nous, essentiel. On peut utiliser un pari de couverture pour les paris simples, les paris combinés ou pour les grilles.

Une couverture, c'est un 2e pari placé pour assurer des gains quel que soit le résultat de ce match. Ce pari permet d'éviter de tout perdre et d'assurer un gain au prix de la mise du pari de couverture (et surtout pour ne pas rentrer « brocouille », comme on dit dans le Bouchonnois).

Prenons un exemple : un combi de 5 matchs où les 4 premiers sont bons. Reste le match du dimanche soir, avec le dernier match en jeu.

Tu as misé 20 € sur une cote de 14.20, ton gain potentiel est de 284 €. Il te faut une victoire 1.

Admettons que la cote du N2, avant le match, soit de 2.

Avant le match, tu vas te couvrir :

- Soit en mode **couverture de mise**

Dans ce cas, tu joues donc 20 € sur le N2 coté à 2. Tes 40 € de gain en cas de N2 couvriront ainsi exactement tes deux mises de 20 €.

Si le 1 passe, tu gagneras tout de même (284-40) : 244 €.

- Soit en mode **couverture de gains**

Je couvre mon gain. Admettons que je veux gagner au moins 50 € net dans les deux cas de figure (1 ou N2).

Dans ce cas, tu paries 70 € sur le N2 coté toujours à 2, soit au total 90 € de mises (70 + 20).

Dans l'hypothèse 1 : je vais gagner 284 € – 90 € de mise donc 194 € net.

Dans l'hypothèse N2 : je vais gagner 140 € (70 € de mise x 2) – 90 € de mise donc 50 € net.

Deux stratégies pour deux buts donc ! Souviens-toi de nos profils !

- Soit on est joueur, on se rembourse juste sa mise.

– Soit on est parieur, on va assurer un gain quoi qu'il arrive (même plus petit dans l'hypothèse).
Tu peux aussi te couvrir en Live, mais c'est un peu plus risqué car il faut que le scénario du match soit en ta faveur. Dans notre exemple, il faut idéalement que l'équipe à domicile mène, ce qui par conséquent fera monter la cote du N2... et rendra la couverture bien moins coûteuse.

Se couvrir, c'est aussi se permettre de rester un parieur gagnant

Après le pari : le bilan

Après une partie, les joueurs d'échecs aiment analyser leur jeu : c'est ce qu'ils appellent le « post-mortem ». Ils dissèquent leurs parties, notent leurs bons coups, mais aussi leurs erreurs. Peut-être même celles qui leur ont coûté la partie.
Pour les paris sportifs, analyser un échec peut être très constructif. Après tout, même un parieur expérimenté apprend de ses erreurs.
Reprends une à une les étapes décrites dans notre kit. Avais-tu les bonnes informations ? Ton analyse statistique était-elle la bonne ? etc.
Perdre un pari n'a rien de dramatique. Regarde ce qui n'a pas marché, peut-être as-tu fait une petite erreur de jugement, ou bien, tout simplement, n'as-tu pas eu de chance ? Dans l'expression « pari sportif », il y a sport. On ne contrôle pas tout, heureusement !

L'ŒIL DU SPÉCIALISTE

Wandrille Goubet, cofondateur de House of Bets, donne un conseil aux joueurs « *ayant de la bouteille* » selon ses mots : « *Continuez à apprendre ! Les books s'adaptent, les habitudes changent et ton avantage d'aujourd'hui disparaîtra peut-être demain. Alors bravo pour ce que tu fais mais reste curieux et continue à creuser tes stratégies.* »
Nous sommes d'accord avec Wandrille ; il ne s'agit pas de tout changer du jour au lendemain après un échec ou même une série de paris perdus. ce sont des choses qui arrivent. Mais regarde ce qui n'a pas marché, fais une pause, et repars tranquillement avec des mises modérées.
Enfin, expérimenté ou pas, tout parieur devra faire un bilan chiffré de ses paris ! Améliorer ses points forts, gommer ses points faibles : voilà – et on redonne le micro à Wandrille – « la première étape indispensable pour potentiellement s'en sortir. »

GAGNER GRÂCE AUX GRILLES

Dans l'absolu, on pourrait croire que, pour gagner grâce aux jeux de grilles, il suffirait d'appliquer le process que l'on a décrit pour choisir un bon pari. Et bien, la réponse est oui… et non. Pourquoi donc ? Parce que le fonctionnement et surtout la façon dont les gains sont distribués n'est pas la même, et cela change tout ou presque sur la façon d'appréhender ces fameuses grilles. D'ailleurs, certains parieurs (et parieuses, pour 28 % d'entre nous) sont quasiment spécialisés dans cette forme de pari sportifs.

Un peu d'histoire

Le Loto Foot, c'est la base pour les « grilleurs », la grande communauté des joueurs de grilles. Elle fait partie du quotidien des parieurs sportifs depuis le milieu des années 1980. L'histoire du Loto Foot commence en 1985, quand les jeux de pronostics sont autorisés en France. Tout de suite, la Française des Jeux saisit l'occasion de sortir les grilles du « Loto Sportif ». Nous sommes persuadés que les plus anciens d'entre vous se souviennent de leur première grille ! Guy Sitruk, ancien journaliste (*L'Équipe, France football*), grand amateur de grilles, se souvient de la première version du loto sportif à 16 matchs avec 5 francs pour la mise de base : « *Il fallait valider les bulletins le jeudi soir car, à l'époque, il n'y avait pas de téléphone ou de tickets qui sortaient de la machine du buraliste.* » Ces débuts poussifs (ah, les années 1980) n'ont pas empêché Guy d'être l'un des premiers gagnants de ce jeu avec une somme à 5 chiffres (toujours en francs).
Depuis 2005, le Loto Foot, c'est plus de 730 gagnants à plus de 100 000 euros et 53 millionnaires. Rien que ça ! Le Loto Foot est d'ailleurs le seul jeu de paris sportifs qui permet de devenir millionnaire pour une mise de base minimale de 1 €.

Le nom changera au cours des années et le nombre de matchs aussi : Hervexx a ainsi connu son premier gain aux grilles avec le Loto Sportif à 13 matchs au début des années 1990 avec son père !

Un fonctionnement particulier

Tout comme le Loto, ce sont tous les gagnants de chaque grille qui se partagent le pactole. **Il y a en effet mutualisation des gains entre les joueurs vainqueurs.** Pour être clair, plus de joueurs gagnent, plus les gains devront être partagés entre ces joueurs, et plus ils seront donc faibles. Au contraire, si peu de joueurs trouvent une grille gagnante, plus le gâteau sera à partager en de grosses parts, avec des gains très juteux à la clé.
À la différence du loto, le hasard est remplacé par l'expertise. Oui, il ne suffit pas de cocher les grilles et d'attendre sagement le dimanche soir. Le joueur peut ici, grâce à son expérience et ses connaissances sur le football – **le sport n° 1 des grilles** – mettre toutes les chances de son côté pour aller chercher le pactole, le rêve des 2,2 millions

de joueurs de la communauté Loto Foot et des grilles des books, notamment celles de Winamax. Excitant, non ?

Où jouer ?

- En point de vente physique/loto/presse/tabac : là, tu peux jouer au Loto Foot, le grand jeu de la FDJ.
- Sur certains books (voir tableaux pages 22-37) : les grilles les plus abouties du marché sont celles de Winamax, ce sont sur elles que nous allons nous concentrer.

La grille – les mises

Une grille est composée de 5, 7,8, 12, 14 et parfois jusqu'à 15 matchs.
Le prix de base d'une grille simple Loto Foot 15 ou Winamax 12 est de 1 €.

N°75					Fin de valid. 31/03/2021 20h40
1	Bosnie Herzég.	1	N	2	France
2	Lituanie	1	N	2	Italie
3	Grèce	1	N	2	Géorgie
4	Autriche	1	N	2	Danemark
5	Angleterre	1	N	2	Pologne
6	Irlande du Nord	1	N	2	Bulgarie
7	Allemagne	1	N	2	Macédoine du Nord

Nombre de doubles : 1 | 1 Nombre de triples : 1

Coût de la grille : 1 €

Sur une grille, regarde bien la date et l'heure de fin de validation, afin de ne pas être surpris et de pouvoir jouer en temps et en heure. Il n'y a rien de plus frustrant que de préparer une grille et de se rendre compte que l'heure de validation est dépassée (et de se dire que c'était peut-être LA grille gagnante !).
Les choix 1, N ou 2 doivent donc être cochés. Dans le cas présent, le joueur a choisi 7 résultats simples : sa grille lui coûtera donc 1 €.
Néanmoins, il est possible de cocher plusieurs autres choix, en « doublant » ou « tri-plant » un ou plusieurs matchs de la grille, afin de jouer la sécurité pour couvrir plus de possibilités.

N°75				Fin de valid. 31/03/2021 20h40
1	Bosnie Herzég.	1 N 2		France
2	Lituanie	1 N 2		Italie
3	Grèce	1 N 2		Géorgie
4	Autriche	1 N 2		Danemark
5	Angleterre	1 N 2		Pologne
6	Irlande du Nord	1 N 2		Bulgarie
7	Allemagne	1 N 2		Macédoine du Nord

Nombre de doubles : 1 | 1 Nombre de triples : 1

Coût de la grille : 6 €

Ici, le joueur a choisi de doubler le match Bosnie-France en ajoutant un 2 à son premier choix du 1, et de tripler le match Grèce-Géorgie.
Pour Bosnie-France, il lui faut donc une victoire d'une des deux équipes. Pour Grèce-Géorgie, son pari sera gagnant quel que soit le résultat. Ce confort a un coût, puisque le montant de la grille s'élève désormais à 6 €.

Les gains

Plus de résultats corrects ont été cochés, plus les gains augmentent.
Pour les grilles 7, il faut 6 ou 7 bons résultats pour un gain. Avec 5 bons résultats, tu ne toucheras pas de gain (sauf s'il n'y a aucun gagnant au rang 1).
Pour les grilles 15, il faut 12, 13, 14 ou 15 bons résultats pour espérer un gain qui va bien sûr crescendo. En dessous de 11, tu ne toucheras rien.
De manière générale, les grilles sont un moyen de gagner gros, parfois très gros, en misant petit.Mais il faut retenir quelque chose d'essentiel pour les grilles : à la différence des paris classiques, **on joue contre les autres joueurs** car on partage les gains répartis entre les différents gagnants.
Ceci implique d'avoir une stratégie particulière ! Jouer les favoris, la logique, le résultat évident ? Oui, peut-être que cela te permettra de faire une grille parfaite… mais les gains seront faibles car tu partageras le pot avec de très nombreux joueurs !
Cela implique qu'il faudra **jouer différemment des autres joueurs**, sans oublier qu'il ne peut pas y avoir que des surprises dans une grille !
En résumé, plus il y a de surprises et moins il y a de gagnants ; et tant mieux si tu es alors seul au rang 1 (7 sur 7 ou 12 sur 12, par exemple) !

Quel process suivre pour réussir dans les paris ?

Un peu de probabilités : si on part sur une grille à 14 matchs, avec 33 % de chances de trouver le résultat (1 N ou 2) par match, cela nous donne **une chance sur 4 500 000** de faire la grille parfaite.
Mais la différence avec le loto, c'est qu'il faut quand même une expertise sur le foot pour pouvoir se donner toutes les chances de son côté. Ce n'est pas du hasard : tes connaissances, ton expertise, une bonne stratégie sont ici essentiels !

Étape 1 : bien définir sa bank à l'année et s'y tenir

On ne gagne pas toutes les semaines au Loto Foot. Mais il faut faire preuve de régularité, gérer sa bank comme pour les paris classiques, être patient, et espérer un gain qui couvrira au moins les mises des semaines passées.
Le maître-mot pour un joueur de grilles, c'est la patience. Surtout sur les grilles à 12, 14 ou 15 matchs, où tu ne peux pas gagner tous les jours ! Mais il faudra être persévérant pour réussir et comprendre la mécanique pour être un parieur de grilles gagnant sur le long terme.

Étape 2 : décider de jouer une grille ou pas

Le raisonnement est un peu différent que pour un pari classique, comme tu peux le constater.Aussi surprenant que cela puisse paraître, la décision de jouer une grille se fait en amont. Il faut en effet vérifier si la grille est susceptible de « payer », c'est-à-dire d'évaluer si la grille a un potentiel de gros gains.
Comment ? En évaluant la possibilité de voir des matchs se conclure par des issues différentes de celles des autres parieurs. En un mot, chercher si des surprises sont possibles, et des surprises auxquelles la majorité des joueurs ne croit pas ! En un mot, « *spéculer* », comme le dit Guy Sitruk.
Comment procéder ? Match par match : il faut **analyser la répartition des choix des autres joueurs et les comparer aux cotes du match du pari 1 N 2**. Cette info est disponible sur l'appli Parions sport point de vente, mais aussi sur Pronosoft. Oui, comme pour les paris, les choix des parieurs t'est connu : profite de cette information !
Prenons l'exemple du match Caen-Pau (Ligue 2) du 3 avril 2021.
Ce match de football oppose le 14e au 16e du classement, les cotes du pari simple (prends la cote moyenne constatée chez la plupart des books) sont assez proches
Caen : 2.52
Nul : 3
Pau : 3
Les cotes « tiennent la route », ce sont deux équipes de bas de tableau, il n'y a pas d'avantage net pour Caen, surtout avec un match à huis-clos, sans public.

Pour faciliter la comparaison avec la répartition en pourcentages des choix « Grilles » des joueurs, transpose les cotes en pourcentage avec la formule suivante, celle que l'on te donnait en tout début de livre.

Pourcentage : (1/cote) × 100

Pour notre match Caen-Pau, cela donne :
Caen : 40 %
Nul : 33 %
Pau : 33 %

Que l'on ramène à 100 % après une petite règle de 3.
Caen : 38 %
Nul : 31 %
Pau : 31 %

Tu vas pouvoir désormais comparer à valeurs égales (en pourcentage donc) cette répartition des cotes avec la répartition des joueurs.
Sur le site Pronosoft, elle est de :

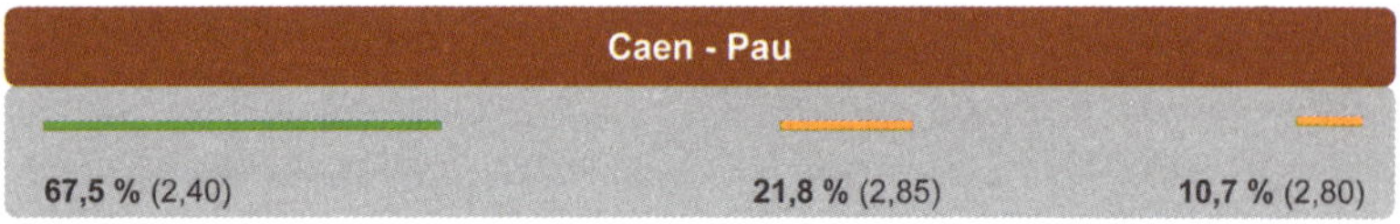

Caen : 67,5 %
Nul : 21,8 %
Pau : 10,7 %

Tu peux constater toi-même la différence énorme entre la cote réelle et la façon dont les joueurs parient. La **value** se situe ici pour une grille !
Au Loto foot, nous jouons tous les uns contre les autres.
Si tu coches un N2 (qui selon les books a 62 % de chances de passer), tu fais un choix tout à fait plausible d'un résultat, mais sensiblement différent des autres joueurs, puisque seuls 32 % d'entre eux ont choisi de cocher ce N2.
Au Loto Foot, c'est intéressant ! En effet, avec un seul match, si le N ou le 2 passe, tu élimineras 68 % des joueurs dans la quête du « *perfect* ».

Compare les autres matchs de la même façon : si 2 ou 3 matchs ont la même configuration, cette grille vaut la peine d'être jouée.

Étape 3 : analyser

Suis les mêmes recommandations que pour les paris sportifs. Le Loto Foot reste un loto sportif : il faut donc pronostiquer.

Étape 4 : remplir sa grille

Tout est ici affaire d'objectif de mises et d'objectif de gains.
Souhaites-tu gagner assez souvent, et ainsi te consacrer uniquement aux grilles de 7 et 8 matchs, avec des mises faibles ?

Ou préfères-tu tenter de gagner gros mais beaucoup plus rarement, et jouer plutôt des grilles 12 et 14, avec des mises plus fortes ?
De cet objectif de gains, va dépendre ta stratégie. Avec des pronostics très différents de la majorité des joueurs, tu prends plus de risque pour gagner seul ou presque. Mais les résultats sportifs vont-ils suivre ? Et oui ! Il ne suffit pas de faire des choix différents de la majorité, il faut aussi que les résultats suivent.
Ne sois pas trop gourmand. Équilibre logique et surprises. Parfois, il en suffit de deux pour toucher le pactole !

Choisir un logiciel ?

Tu l'as compris, pour gagner, il faut jouer des grilles avec de nombreux multiples, en couvrant les résultats logiques, et en plaçant quelques bonnes surprises... Avec un inconvénient majeur : cela va considérablement augmenter la mise. Pour réduire ce coût, il existe des très bons logiciels (site et appli), dont le numéro 1 Prono Foot Expert Plus de chez Pronosoft. Ils permettent de réduire le coût de la grille en adoptant les principes de filtrage, de préférences et de réduction des grilles.
L'idée est simple : **jouer plusieurs grilles pour multiplier ses chances, tout en maîtrisant les mises.**
Les **filtrages** permettent d'orienter les grilles selon des critères préétablis, comme le **filtre 1 N 2**, qui permet d'éviter de valider des grilles uniquement composées de 1, de N, ou de 2 : cela arrive très rarement, surtout sur les grilles 12 et 14. Les autres filtres sont les **Préférences sur les matchs** (paris multiples avec une préférence donnée à une équipe, comme un match Paris Bordeaux, avec Paris favori pour la plupart des grilles, mais aussi quelques grilles avec des N, on ne sait jamais !) et l'**Estimateur de rapport** (qui sert à supprimer automatiquement les grilles qui ne payeront pas)
Un logiciel, une bonne affaire ? Selon notre ami Nou, « *un mauvais pronostiqueur ne gagnera pas plus avec que sans logiciel. Mais un bon pronostiqueur, voire un bon statisticien, aura un outil entre les mains qui lui permettra de faire un pronostic en adéquation avec la réalité du football où des surprises se produisent tous les week-ends même quand les premiers se déplacent chez les derniers !* »

Et pour mutualiser les mises, rien de mieux que de jouer entre amis, créer des groupes, discuter ensemble des matchs... C'est aussi ça le Loto Foot : le plaisir de se retrouver ensemble autour de sa passion et de passer un bon moment !

POUR ALLER PLUS LOIN : LES INTERVIEWS

Nous avons demandé à des amoureux de sports et de paris la façon dont il pariait sur leur sport préféré. Chacun, chacune a son regard sur les paris. Tous passionnés, leurs regards sont différents et très enrichissants. Tu vas pouvoir constater qu'ils appliquent de nombreux conseils du livre, tout ou en partie.
Nous avons aussi fait appel à des pros du pari, des spécialistes de grilles, des journalistes... chacun avec ses mots nous livre ses conseils pour tous les jours s'améliorer.

Thibaud Vezirian, journaliste et chroniqueur dans *L'Équipe d'Estelle*, sur *La Chaîne L'Équipe*.

Est-ce que tu paries ? Comment et en suivant quel process analyses-tu un match de football ?
Je parie de façon occasionnelle, modérée, selon les événements et le feeling. Lors du décès tragique de Kobe Bryant, j'ai par exemple misé 50 € sur le titre des Lakers. Ça allait dans le sens de l'histoire. Parfois, mon sixième sens s'active et je me dis qu'un joueur va marquer, alors je fonce parier dessus. Comme je suis chroniqueur pour une émission quotidienne sur le football (*L'Équipe d'Estelle*), j'ai la tête dans le guidon : sport, sport, sport. Donc je suis très souvent amené à vouloir parier sur des matchs, Estelle adore parler de çaet, comme tout journaliste, nous avons énormément d'infos et de stats en notre possession. Mais j'essaye de jouer plutôt au feeling. J'ai donc le profil de celui qui ne gagne pas souvent ! Le point positif, c'est que je suis très au fait des joueurs blessés, suspendus, en délicatesse, etc. Je joue par pur plaisir et je suis capable de couper plusieurs mois, mais si je peux passer une belle cote, c'est le kif.

Est-ce que tu penses que la collecte d'informations est essentielle dans le foot pour parier ?
Je pense vraiment qu'un bon parieur est un parieur qui s'informe énormément sur le sujet. Il doit presque professionnaliser son approche. On ne peut pas laisser jouer ses émotions à sa place. Il faut être pragmatique, analyser la tactique des équipes, les états de forme, les potentielles surprises dans les compositions, ne pas foncer sur des cotes trop évidentes, aller chercher des paris sur des matchs moins médiatisés, etc. Donc oui, collecter des informations fiables est vital pour un bon parieur.

Est-ce que les paris sur le foot te semblent faciles ?
Le foot, c'est le sport qui me paraît le plus incertain ! Tout le monde peut battre tout le monde. C'est la magie du fait de jouer à 11 contre 11. 22 inconnu(e)s. Quand tu as un LeBron James blessé chez les Lakers, en NBA, tu sais que ça va être compliqué de gagner pour Los Angeles. Au foot, le PSG sans Neymar, ça ne change pas forcément l'issue d'un match. Mais si huit joueurs sont sortis la veille pour un anniversaire, là, il

vaut mieux être au courant avant de parier... Avec l'avènement de tous les outils de préparation physique (GPS, etc.), du renforcement des staffs techniques et médicaux, le football est devenu plus homogène. Et certaines grosses écuries, comme Liverpool cette saison, nous montrent qu'il n'y a rien de linéaire dans le football. Donc il faut toujours se méfier avant de parier sur un « match évident » en football. Mais peut-être que je me pose justement trop de questions avant de parier...
Un ancien sélectionneur des Bleus m'avait dit : « Si tu n'es pas dans le vestiaire des deux équipes juste avant le coup d'envoi, tu ne peux pas pronostiquer le résultat d'une rencontre. Mais si tu es une petite souris et que tu arrives à sentir « l'odeur » des deux vestiaires, là, oui, tu as une grande chance de connaître dès ce moment-là l'issue de la rencontre. » Il a en partie raison. Même si les aléas d'un match (carton rouge, erreurs individuelles ou d'arbitrage) peuvent tout chambouler. En effet, le foot, c'est terrible pour ça : c'est une équation avec trop d'inconnues. En tennis, il y a deux joueurs, deux états de forme, deux profils, deux analyses, deux grilles de statistiques, etc. En football, tout est démultiplié. Et je ne parle même pas de l'impact que peut avoir une foule, un stade, des ultras... Ou encore les médias. Le foot, c'est vraiment différent et c'est ce qui plaît. C'est un énorme vecteur d'émotions, grâce à cette forte part d'incertitude.

Émilie Ros est la créatrice du collectif « Meuf de foot », où quand football et féminin se conjuguent à merveille ! Grande supportrice du PSG, Émilie a gardé intact sa passion du ballon rond.

Est-ce que tu paries ? Et comment ?
Oui, je parie, mais je parie mal car je parie avec le cœur ! La raison ne fait pas barrage et je parie sur des coups de cœur, sur ce que j'aimerais qu'il se passe... Bref, je suis une mauvaise parieuse ! Mais j'aime aussi parier pour évaluer les cotes et m'en servir pour mes débriefs de match !

Est-ce que tu penses que la collecte d'informations est essentielle dans le foot pour parier ?
Oui, car c'est ce qu'il me manque aujourd'hui : avoir la logique, l'analyse de paris pour évaluer, anticiper... Cela permettrait de me mettre aux paris sensés et avisés (sans oublier le cœur tout de même !). Et surtout, côté foot, cela permettrait d'évaluer les statistiques des joueurs, peut-être aussi des cycles de cotes ! Bref, un vrai travail de data !

Est-ce que ta passion du PSG t'empêche parfois d'être objective ?
TOTALEMENT ! Si j'aime un joueur, qu'importe le club, je vais le mettre buteur... Même si le mec n'a pas touché une pastèque depuis des lustres : je veux croire que c'est possible !
Ce qui est lunaire, c'est que lorsque je conseille des potes sur des paris, je suis meilleure, la plus objective. Mais pour moi, c'est catastrophique.
Pour les matchs de Ligue des Champions, j'ai permis à des potes de se faire un billet alors que mes propres paris étaient « morts »...

Est-ce que tu penses que le foot est un des sports les plus durs à pronostiquer ?
Je n'ai pas d'avis prononcé et objectif étant moi-même très, très foot.Ce que je sais c'est qu'une victoire de Nantes face au PSG en 2021, je n'aurais pas mis 1 € dessus !

Karim Attab est un journaliste spécialisé football, parieur à ses heures.

Est-ce que tu paries ? Si oui, comment ?

Oui je suis un parieur assez régulier. Je parie à 99 % sur du football, car j'en suis l'actualité au quotidien. Essentiellement les championnats européens (France, Angleterre, Espagne, Allemagne, Portugal, Belgique, Pays-Bas, Turquie, Russie) avec bien sûr un suivi particulier des matchs français (Ligues 1 et 2).

Deux façons de jouer pour moi. Sur une journée, avec par exemple le samedi où il y a une offre de paris importante. Mais aussi de temps en temps des tickets week-end, du vendredi au dimanche, ou bien les tickets « coupe d'Europe » du mardi au jeudi.

Je choisis des matchs plus au feeling par rapport aux clubs que je suis à l'année (il y en a beaucoup !), par rapport aux affiches, mais aussi par rapport aux cotes.

Je procède à une analyse des équipes, effectifs dispo, historique des résultats sur les cinq-six derniers matchs, historique des confrontations entre les deux équipes, ratio domicile-extérieur et série en cours.

Est-ce que tu penses que la collecte d'informations est essentielle dans le foot pour parier ?

Oui, je pense que la collecte d'informations concernant les matchs, les équipes, les arbitres, la météo, le contexte, et même certaines phrases prononcées dans la semaine peuvent servir à la réflexion d'un pari. Après cela reste une science inexacte liée à des événements, des faits de jeu qui sont imprévisibles (blessure, erreur individuelle, faute et expulsion rapide, défaillance arbitrale, etc.) mais si l'on compare ça au jeux traditionnels – comme les tickets à gratter ou le Loto –, il y a une différence. Et je crois que quelqu'un qui suit de près l'actualité d'un sport peut s'en sortir au niveau paris sportifs.

De quels types de matchs te méfies-tu ?

Je dirais qu'il y a des périodes à éviter au niveau des paris sportifs. Concernant le football, la reprise des championnats reste le moment (selon moi) le plus compliqué à pronostiquer. Les surprises y sont assez nombreuses, donc le risque d'erreurs est assez élevé, même pour les joueurs qui tente des « easy paris » à base de petites cotes (entre 1,20 et 1,50). Je me méfie aussi des matchs de championnats qui suivent une rencontre de coupe d'Europe, car j'ai constaté qu'il y avait un risque de déconcentration, une fatigue physique (les temps de déplacement, mises au vert, retours tardifs dans la nuit, conditions climatiques, etc.) et mentale plus marquée par rapport aux clubs qui ont pu avoir une semaine traditionnelle, avec une préparation habituelle.

Du coup, la période où je parie le plus débute au mois de mars, avec des équipes assez fortes sur le papier qui sont lancées dans des objectifs élevés et qui finissent souvent leur saison par des séries de victoires, ou de matchs sans trop de défaites.

Le COVID a-t-il changé ta façon de parier ?

Ce qui est sûr, c'est qu'avec l'arrivée de la pandémie Covid, les choses sont encore plus compliquées, le ratio match domicile-extérieur ne veut plus dire grand-chose. Les stades vides ne permettent pas à certaines équipes d'avoir ce douzième homme, ou ce supplément d'âme qui peut les pousser à aller chercher un résultat dans les derniers instants d'un match (exemple en Ligue 1, seulement trois victoires à domicile lors des vingt derniers matchs).

Bref, c'est de plus en plus compliqué, mais ça n'est pas ça qui va nous arrêter de parier, toujours avec discernement, et sans risques financiers pour notre situation personnelle.

On laisse la parole aux spécialistes du tennis, Tennis Break News, un site d'informations et de paris sportifs spécialisés dans la balle jaune, dont Grégory Massart nous explique le fonctionnement… avec aussi sa vision des paris bien sûr.

En 2018, je me suis rendu compte que le tennis était un sport assez couvert médiatiquement par rapport aux nombres de passionnés, de parieurs et de pratiquants. Évidemment, les Grands Chelems occupent un grand espace médiatique mais concernant le circuit au quotidien, il y avait assez peu d'informations, d'articles et d'analyses sur les dizaines de matchs qui se déroulent chaque jour. J'ai donc pris l'initiative fin 2018 de travailler sur l'élaboration d'un site qui offrirait un maximum d'informations sur les joueurs/joueuses, les tournois et les matchs. Avec l'expertise de trois consultants et une équipe de journalistes/analystes/tipsters, Tennis Break News a vu le jour en mai 2019 entre Roland Garros et Wimbledon.
Depuis le lancement, forcément l'activité a été ralentie par la Covid mais malgré tout, en dix-huit mois, nous avons désormais environ 15 000 followers répartis sur les différents réseaux sociaux. Chaque jour, entre 500 et 1 000 personnes se connectent au site pour lire nos articles. Pour le moment, notre business model est basé sur un contenu premium sur abonnement, ce qui limite forcément la visibilité et le trafic. Nous verrons si à terme, il sera plus optimal de passer en gratuit.
Tennis Break News, c'est à la fois un décryptage de l'actualité, des portraits, des enquêtes mais aussi des analyses de matchs et des conseils en paris sportifs.
Le tennis est l'un des sports les plus difficiles à parier puisqu'il est soumis à un grand nombre d'aléas compliqué à prévoir et anticiper. Au-delà des spécificités des surfaces, des tournois, l'aspect tactique, physique et technique des confrontations entre deux joueurs ou encore la météo et le taux d'humidité, la forme du jour est le facteur principal d'un résultat d'un match de tennis. Comment un joueur ou une joueuse va se sentir au moment d'entrer sur le court ? D'un jour à l'autre, les performances peuvent varier du médiocre à l'exceptionnel et il est très difficile de l'anticiper. Néanmoins, les joueurs et joueuses sont un peu, à l'image des Formule 1, réglés comme des machines. Quand la mécanique est bien huilée, l'état de forme global est moins soumis aux aléas extérieurs. C'est le travail du tipster de cibler les joueurs ou joueuses les plus fiables et anticiper les différents scénarios. Si parier sur un match de tennis a beaucoup d'inconvénients, l'avantage principal reste la binarité de ce sport. Il n'y a pas de match nul, il n'y a pas d'égalité. La probabilité d'être un pronostiqueur gagnant avec la petite balle jaune semble donc sur le papier alléchant. À condition de savoir maîtriser ses émotions. Et à ce titre, le parieur est sujet aux mêmes contraintes que le joueur ou la joueuse. Car en tennis, les variations de températures sont quotidiennes. Peu de sports offrent des scénarios aussi renversants, improbables et imprévisibles. Il faut avant tout ne pas être trop focus sur le résultat d'un match mais plutôt sur la qualité de l'analyse qui sur le long terme sera payante.
Tennis Break News a la chance de travailler avec trois anciens joueurs pros qui livrent à nos lecteurs chaque semaine leur analyse, leur lecture des matchs. Leur expérience

du circuit, leur connaissance des joueurs qu'ils commentent toute l'année sur Canal+ ou Eurosport n'ont pas de prix. Autour d'eux, une équipe de journalistes vient apporter aussi une qualité d'analyse précieuse. Le tennis est un sport de spécialiste. Avant d'envisager parier sur un match, il faut d'abord regarder les matchs, encore et encore. Cette expertise met parfois des années à mûrir. C'est pourquoi la compétence de nos journalistes apporte une vraie plus-value. Certains d'entre eux sont des commentaires aguerris avec plus de dix ans d'expérience dans le journalisme. D'autres sont plus jeunes mais tout aussi passionnés.
Enfin, il nous paraissait indispensable de compléter la Team avec des tipsters qui maîtrisent les rouages des paris sportifs. Cela vaut pour tous les sports, connaître un sport ne suffit pour être un parieur gagnant. Il faut avant tout comprendre comment les bookmakers fonctionnent, quelle est leur logique, comment fabriquent-ils les cotes ? C'est pour cela que c'est essentiel d'avoir des bonnes notions de mathématiques et statistiques.
Pour conclure, je dirais que le tennis est un sport où il faut se méfier des apparences. Chaque match a son histoire. C'est un sport où tout est possible. On n'imagine pas en football une défaite de la Juventus ou du Bayern face à un club de quatrième division. En tennis pourtant, il arrive qu'un joueur du top 10 perde contre un joueur classé au-delà du top 100. A part Djokovic, les autres joueurs du top 10 perdent entre 20 % et 30 % de leur matchs... Le parieur doit comprendre et accepter que la défaite fait partie du quotidien d'un joueur de tennis. Il faut surtout accepter qu'une fois que notre pronostic est misé, nous n'avons plus les cartes en main. Les dés sont jetés, nous ne sommes plus acteur de notre bet, il n'y a plus qu'être simple spectateur.
Un tipster doit être méthodique dans ses analyses et dans ses choix. Il ne faut pas prendre à la légère une prise de décision mais être très professionnel. La multitude des matchs peut rapidement faire tourner la tête. Les choix des matchs des bets sont parfois difficiles. Il faut se poser les bonnes questions et ne pas se laisser influencer par l'aspect émotif d'un résultat. Quand un joueur ou une joueuse réalise un match parfait, il faut se dire que c'était l'histoire d'un match et accepter ou envisager que le match d'après, il ou elle peut passer au travers. Il faut essayer au maximum de prendre du recul et d'avoir une vision d'ensemble. Quel est le niveau de jeu moyen de tel joueur ou telle joueuse ? Jusqu'où peut-il ou elle se sublimer ? Dans quel contexte ? Éviter de prendre des paris lorsque vos palpitations sont à leur maximum. Plutôt que de s'énerver, d'insulter, essayez plutôt de comprendre pourquoi vous avez perdu un bet. Plus vite, vous aurez analysé les causes de votre pari perdu, plus vite vous trouverez les clés pour en perdre de moins en moins.

Dom régale sur twitch.tv/bdldom ses abonnés de ses précieux conseils, tous les soirs ou presque. Ce devin chauve est devenu une référence de l'analyse de matchs de basket américain. La NBA n'a plus de secrets ou presque pour Dom. La raison ? Une excellente connaissance du terrain NBA tout simplement. Notre analyste en chef écoute de nombreux podcasts d'anciens joueurs, de journalistes américains, bref des meilleurs spécialistes pour ressentir au mieux le contexte et les enjeux d'une rencontre. Il nous explique ici sa vision d'une bonne analyse. Et c'est bien connu, les chauves ne mentent jamais.

Cela commence par des prises d'informations sur le contexte du match : match de saison régulière, de play-off, les enjeux éventuels, et aussi les antécédents entre les deux équipes.
Ensuite, j'étudie la forme du moment des équipes. Si elles sont sur une dynamique positive, ou au contraire sur une série de défaites inquiétante.
Puis, je regarde les résultats obtenus par une équipe contre un adversaire de même niveau, ou au jeu similaire (jeu rapide, jeu lent, jeu intérieur, extérieur, etc..)
Cela fait, mon regard se porte sur les forces et les faiblesses de chaque opposant, une fois les compositions d'équipes connues. Le basket est en effet, selon moi, un « faux sport collectif », où de nombreux duels entre joueurs ont lieu et où la performance (ou l'absence) d'un joueur « star » peut bouleverser le résultat d'un match. Il convient donc d'étudier en détail ces « matchs dans le match », ce qu'on appelle les « matchups ». Avec un œil aiguisé par le visionnage de milliers de rencontres, je réfléchis aux différents « matchups » favorables à telle ou telle équipe, notamment ceux qui permettraient à un supposé outsider de créer la surprise. Tout est pris en compte, même les inimitiés entre joueurs, sur et en dehors du terrain. Par exemple, le champion des Los Angeles Lakers, Anthony Davis, sort souvent des grosses performances individuelles quand il est opposé à l'équipe de Karl Anthony Towns, la vedette des Minnesota Timberwolves. La raison ? De simples paroles d'un ancien coach commun des deux joueurs qui a un jour déclaré à Davis que la relève incarnée par Towns serait bien meilleure !
Depuis, vexé, Anthony Davis sort le grand jeu lors de ces confrontations.
C'est un peu la même histoire de désamour entre Russel Westbrook (Washington) et Damien Lillard (Portland) : ces deux-là ne s'aiment pas, et leur confrontation souvent explosive...avec de belles performances individuelles à la clé !
Ensuite, vient le moment de confronter mes analyses aux propositions des books, notamment sur les paris sur les performances individuelles des joueurs, notamment les « cuts » de points, rebonds, passes.
C'est alors la confrontation entre les propositions des sites de paris sportifs et les données chiffrées en ma possession qui me permettent de donner selon moi les paris value du soir.

Shaï Mamou est journaliste rédacteur pour *Reverse* et BasketSession.com. Il nous raconte ici la belle histoire de *Reverse*, et son rapport aux paris sportifs.

Raconte-nous l'histoire de *Reverse* ?
Le magazine a existé pendant 13 ans (2005-2018) sous format traditionnel, on sortait un numéro tous les deux mois. Il est né de la volonté de parler de basket et surtout de la culture autour du basket, de manière différente. Le ton a toujours été un mélange de sérieux, d'humour et de punchlines. Jusqu'en 2018, on était très collés à l'actu et on a pris un gros virage fin 2018. On a arrêté le mag et quitté le circuit traditionnel des kiosques et de la presse. On a créé un MOOK (contraction de magazine et de book), dont on sort 3 à 4 exemplaires par an, avec à chaque fois une thématique très forte (jusqu'ici on a fait Los Angeles, New York, la Défense, le Futur, Kobe Bryant et on en prépare un qui s'appelle *More than a Baller*, sur tous les combats de société) où tous les articles peuvent se lire de manière complètement intemporelle. Le but, c'est que chaque Mook soit comme un objet de collection que l'on peut relire dans 5,

10 ou 20 ans sans souci, comme un bon livre. On met à fond l'accent sur la qualité du papier, des graphismes et des sujets, souvent des longs formats. Il n'est disponible à la commande que sur Internet et notre site BasketSession.com, on ne le trouve nulle part ailleurs. En termes de chiffres, nous sommes cinq à travailler à plein temps sur le site (BasketSession.com) et le Mook, et deux pigistes réguliers. Dans le Mook, on a des contributeurs extérieurs aussi.

Quel regard portes-tu sur les paris sportifs dans le basket ?
L'inconvénient, du moins du point de vue américain, c'est la réglementation très dure à ce sujet, puisque la NBA commence seulement à s'ouvrir aux paris sportifs. Elle s'y est longtemps refusée par peur des trucages. Il y a eu beaucoup d'histoires de corruption liés à des paris (clandestins ou pas) par le passé dans le basket universitaire et tout le monde est un peu échaudé. C'est en train de s'étendre au-delà du simple spot du Nevada qui faisait un peu figure d'exception jusqu'ici. Les États essaient petit à petit de lever les interdictions pour pouvoir permettre à leurs ressortissants de parier sur les matchs.
Ensuite, même si c'est plus un particularisme qu'un inconvénient, il y a le fait que très souvent un match NBA a un favori clair et qu'il est difficile de trouver de belles cotes sans passer par un pari avec handicap au score ou écart de points. Autre chose qui ajoute un piment que l'on ne trouve pas dans le foot par exemple, ce sont les les paris sur les performances individuelles. Exemple : tu mises X euro sur LeBron James à 20 points ou + sur un match. Il est fréquent que la barre ne soit pas atteinte pour un malheureux petit point, un lancer franc manqué, etc... Dans les communautés de parieurs, ça rend les gens très aigris et assez violents verbalement avec les joueurs.
Pour les avantages, je trouve que le principal c'est quand même le fait qu'il y a énormément de matchs de haut niveau (donc pas de la D2 slovaque très dure à analyser comme au foot), tous les jours entre 4 et 12 par nuit pendant quasiment 8 mois, et une multitude de paris possibles sur les fourchettes d'écarts de points, les perfs individuelles, etc. Il y a aussi un nombre énorme d'experts de la statistique, aux US notamment, qui ont compilé des données assez fantastiques pour aider les parieurs. Le basket reste un sport de stats et c'est utile de pouvoir s'appuyer sur des chiffres plus tangibles qu'au foot, par exemple.
Pour les compétences chez *Reverse*, si tu veux parler des paris sportifs, on est trois à aimer parier, aussi bien sur des matchs ponctuels que sur le vainqueur de la saison ou sur des formats de Fantasy Leagues quotidiennes ou tu payes pour sélectionner 5 joueurs dont les performances te placent dans un classement et te rapportent plus ou moins d'argent (aux US – -, il y a DraftKings et en France Winamax avec son JDE, par exemple). Mais on est aussi des « accros » aux paris tout court, surtout de foot et de vélo.

Quel conseil donnerais-tu à des nouveaux parieurs ?
C'est un conseil pour les nouveaux parieurs, mais qui est en fait aussi valable pour les chevronnés : la NBA nécessite un suivi quotidien. Si vous voulez être capable de cerner les tendances individuelles et collectives, donc ce que seront capables de produire les joueurs et les équipes, il faut être à fond dans l'actu, savoir qui est en forme, qui est un peu blessé, qui déteste jouer contre telle ou telle équipe, quelle équipe a déjà joué la

veille et va donc mettre trois cadres au repos, etc. Parier sans analyser tout ça revient un peu à jouer à l'aveugle tant il y a de paramètres importants.

Le nouveau site pronos-sport.com nous donne sa vision du monde des paris sportifs. La parole à Hugo Rousset, un des fondateurs du site.

Comment avez-vous eu l'idée du site ?
L'idée m'est venu l'an dernier pendant le premier confinement. Avec l'arrêt du *Loto Foot Magazine*, je me suis dit qu'il fallait vraiment faire un truc dans le même genre sur Internet, tout en gardant énormément de bienveillance vis-à-vis des utilisateurs. À force de voir des VIP fleurir de partout depuis quelques années – et le nombre d'escrocs qui va avec –, je me disais qu'il était aussi important de ramener les choses à un certain degré de professionnalisme. Car ces personnes ne gagnent pas d'argent grâce à leurs pronos mais uniquement avec leurs abonnements. Et quand je vois des gens payer pour avoir un prono avec une cote entre 1.40 et 1.80, tout en payant 30 € par mois, ça me rend malade. Chez nous, il y a de l'actualité, toutes les analyses sur le foot et le tennis ainsi que des tickets tout prêt. Il y en a pour tous les goûts et pour moins de 10 € par mois.

Comment analyses-tu les matchs ?
On analyse l'ensemble des matchs de football des grands championnats (et de la Ligue 2), soit environ 75 matchs par semaine en comptant les coupes, la Ligue des Champions et la Ligue Europa. Aucun match n'est laissé de côté. On propose une analyse détaillée de chaque match avec, à la clé, les pronos qui sont le plus susceptibles de passer ? On a également développé nos propres classements avec des données rares qui ne sont disponible nulle part ailleurs (par exemple, le classement de la deuxième période uniquement).
Mais comme on veut vraiment faire un super truc, on ne s'arrête pas là, on analyse également tous les matchs de chaque tournoi de tennis (hommes et femmes). Et on espère dans le futur pouvoir ajouter d'autres sports à notre site.
Il faut aussi savoir que nous sommes des journalistes de sport, nous avons nos cartes de presses, de l'expérience dans les médias et surtout dans l'analyse des paris sportifs. On ne vient pas de se lancer pour faire comme tous. Notre ambition c'est de devenir un média des paris sportifs qui compte.
Nous ne sommes pas un énième VIP. Ce qu'on souhaite avant tout c'est donner de l'information. Aider le joueur à faire son choix en lui fournissant des infos qu'il ne peut pas avoir sans passer du temps à chercher. Notre mission, c'est donner toutes les armes pour arriver à s'améliorer dans les paris sportifs et ainsi éviter les nombreux pièges tendus. On veut vraiment que l'utilisateur puisse se dire : « Bon, OK,là, il m'a convaincu ; je le suis » ou même « Là, sur ce match, je ne te suis pas ». On veut de la réflexion, pas qu'on nous écoute bêtement.

Quel regard portes-tu sur le monde des paris sportifs ?
Il y a une vraie fracture dans la société actuelle. Les salaires sont bas et tout le monde, les jeunes notamment, espèrent devenir riche comme leurs idoles (les vedettes de téléréalités). Alors c'est sûr que beaucoup se ruent sur les jeux d'argent pour changer de vie. Mais il faut faire attention. Pour devenir riche en jouant, il faut déjà avoir une belle mise de départ. Pour la plupart, les paris sportifs sont un moyen d'améliorer le

quotidien, d'arrondir les fins de mois. Mais il ne faut pas se voiler la face, peu de gens deviennent réellement riche avec les paris.

Quelles erreurs doit éviter un parieur ? Quel conseil donner au nouveau parieur et au parieur expérimenté ?

Il faut tout prendre en compte et ne pas s'arrêter au simple 1N2. Il faut analyser et surtout se montrer d'une grande rigueur. Être capable de ne pas jouer sur un match où on pense que ça peut le faire pour jouer sur un match où on sait que ça va le faire. Également, ne jamais jouer tout son argent sur un seul pari.

Au nouveau parieur, je dirais : « Ne mise pas chaque jour. » On peut rapidement tomber dans une spirale qui rend accro. Je suis passé par là et ce n'est pas drôle du tout. Se réveiller le matin et se demander ce qu'on va miser aujourd'hui, ce n'est pas une vie de rêve.

Au parieur expérimenté, je dirais : « Viens tester notre site (7 jours offerts) et dis-nous ce qu'il lui manque ! »

Grégory Ascher est animateur de radio (tous les matins sur RTL2) et de télévision. Il est aussi régulièrement chroniqueur ou présentateur de l'émission *L'Équipe d'Estelle* sur La Chaîne L'Équipe. C'est aussi un dingue de football américain et donc de NFL, dont il présente les matchs sur La Chaîne L'Équipe.

Est-ce que tu paries ? Comment et en suivant quel process analyses-tu un match de football américain ?

Oui je parie, pas chaque semaine mais au feeling, pour le fun ou parce que je crois sentir un truc !

Plusieurs paramètres entrent en ligne de compte : déjà la forme du moment, les américains appellent ça le « *momentum* » quand la dynamique d'un match change en cours de rencontre et, bien là, c'est un peu pareil.

Les absences ensuite, souvent cruciales dans ce sport où les blessures sont tout sauf rares. Il faut bien regarder la liste des joueurs disponibles : si, par exemple, un quater back performant est absent, ça change beaucoup de choses ; si un cornerback n'est pas là et que l'équipe adverse à des Wide Receiver forts, le bet n'est plus le même. Pareil pour les absences sur les lignes offensives ou défensives.

L'enjeu du match compte aussi : il y a des rivalités importantes en NFL et malgré une saison « pourrie », une équipe peut avoir l'orgueil de vaincre un rival de division. Ce sont des matchs absolument pas comme les autres. C'est dans l'ADN de la NFL !

Enfin le stade où a lieu le match est important : oui il y a plus d'équipes qui gagnent à domicile mais c'est de l'ordre de seulement 60 %.

Est-ce que tu penses que la collecte d'informations est essentielle dans le foot américain pour parier ?

Totalement essentiel : pour moi, la règle d'or, c'est de se rappeler que la NFL a crée ce sport avec des règles qui permettent un suspens fréquent et des écarts faibles (les temps morts, les temps morts automatiques, etc.). Beaucoup de matchs se jouent à une possession (3 à 7 points d'écart) ou deux possessions max (10 points). Bien sûr, il y a des éclats, des raclées mais gardez en tête qu'un match NFL est souvent serré et que l'écart proposé par les parieurs se joue au demi-point...Je joue donc rarement des écarts énormes. J'attache personnellement beaucoup d'importance à l'historique d'un joueur face à telle équipe, ce n'est pas mathématique bien sûr mais c'est une info en plus.

Quelle est LA spécificité dans la NFL en termes de résultat ? Donne-nous un truc incontournable à savoir avant de parier ?
La NFL, c'est la ligue qui justifie le mieux le « TOUT LE MONDE PEUT BATTRE TOUT LE MONDE ». Ce sont des athlètes hors normes, aux égos importants qui jouent pour leurs fans, leur organisation et... leur futur transfert. Il y a peu de contrats garantis contrairement à la NBA donc il y a toujours une raison de briller sur le terrain. Un mal classé, outsider ou absent de la course aux playoffs, peut être très dur à battre à domicile par exemple, pour toutes les raisons évoquées précédemment.

Saphia Boudaoud est une journaliste dingue de football et de grilles.
Elle a longtemps été journaliste du regretté *LotoFoot Mag*.

Comment es-tu arrivée chez *LotoFoot Mag* ? Raconte-nous.
J'ai fait des études de journalisme dans le but travailler dans le domaine qui me plaisait le plus : le sport, et surtout le football. En fin de cursus, en 2013, je suis tombée sur une annonce à l'école, *LotoFoot Mag* recherchait un stagiaire. J'ai donc postulé, et j'ai été recrutée comme ça. Après six mois de stage, les dirigeants ont souhaité me garder et j'ai signé mon contrat. Je connaissais déjà le monde du pari sportif mais j'ai beaucoup plus approfondi en travaillant dans cette rédaction. J'ai commencé à parier assez tôt, à l'âge de 19 ans, mais ce n'était pas sur le foot. J'ai d'abord connu les paris *via* le PMU. C'est mon grand-père qui m'a appris à jouer aux courses.

Quels sont, selon toi, les avantages et inconvénients des paris sportifs en point de vente physique par rapport aux grilles en ligne de Winamax, par exemple ?
Ça va peut-être faire vieille école, mais je préfère le jeu en point de vente. Même si j'utilise beaucoup Internet dans ma vie pro comme perso, je privilégie toujours le contact. Tu vas au bar-tabac, tu finis de faire ton papier, tu discutes avec les autres parieurs qui sont là, c'est convivial ! Parfois tu arrives avec une idée en tête, et au final, tu te laisses influencer à la dernière minute par un pote que tu rencontres au café et qui te prouve par A + B que ton coup sûr ne passera pas. J'aime aussi cette sensation d'avoir le ticket en main. C'est comme la lecture en fait : jamais je ne lirai sur une tablette/liseuse, je veux le vrai livre entre mes mains.
Autre avantage : les pactoles. Ça met du piment, de l'adrénaline !
Après, les grilles chez Winamax sont plutôt bien faites, et le fait de pouvoir jouer à plusieurs aussi, c'est une bonne idée.
En tous cas, que ce soit en physique ou sur Internet, pour moi, une grille, ça se partage, c'est comme un bon plateau de fromages.

Le Loto Foot, comment ça marche ?
Quand tu es un adepte du 1N2, tu te demandes pourquoi tu te compliques la vie avec une grille fournie en matchs, compliquée et qui ne te ramènera certainement

pas grand-chose, contrairement à un combiné qui peut rapporter gros. Mais le Loto Foot, c'est un vrai exercice : il faut décrypter les rencontres une par une, mais aussi ramener cela à une globalité pour gérer sa mise finale, ses jokers, etc. C'est bien plus complexe qu'un combiné maîtrisé.
Que ce soit la formule à 7, 8, 12 ou 14 matchs, cela reste un vrai défi. Tu te rends compte, trouver les 14 bons résultats ? Cela paraît insurmontable mais pourtant je peux te dire que j'ai reçu quelques témoignages de lecteurs qui avaient réalisé cette prouesse.
Pour être plus factuelle, le Loto Foot, comment ça marche ? Et bien la FDJ propose des listes de matchs (7, 8, 12 ou 14), et le but est de trouver le maximum de bons résultats. Les avantages pour moi restent la convivialité de ce jeu et le défi qu'il représente.
Le 1N2 est un jeu totalement différent : on ne t'impose rien, tu choisis les matchs que tu sens le mieux et tu mises la somme que tu veux. Ça paie mieux qu'un Loto Foot, mais je trouve cela moins excitant pour ma part.

Quels conseils donnerais-tu à un nouveau parieur de Loto Foot ? Et à un parieur expérimenté ?
Mon premier conseil – pour les parieurs novices comme expérimentés – aurait été de leur recommander d'acheter *LotoFoot Mag'*. Mais le journal n'existe plus malheureusement. Le groupe Paris-Turf, dont faisait partie LFMag, a été racheté l'an passé et la production du journal a été arrêtée. Trente-cinq ans d'existence réduits à néant, ça fait mal au cœur. Bref…
Pour les nouveaux parieurs, ou même pour les plus réticents, je conseillerais d'essayer au moins une fois. Se prêter au jeu et tenter de trouver l'issue de tous les matchs d'une grille (commencer par une grille à 7). C'est vraiment un doux casse-tête. Je conseille aussi de jouer à plusieurs, c'est vraiment fun. Je me souviens au bureau quand on faisait des grilles entre collègues, on se réunissait autour d'une table le vendredi soir, on passait en revue toutes les rencontres une par une et chacun avançait ses arguments, essayait de convaincre les autres. Quand il n'y avait pas d'arrangement, et bien on cochait le triple !
Pour les plus expérimentés, ceux qui regardent tous les paramètres avant de jouer (la forme du moment, les compos, la météo !), je recommande de prendre un peu de recul et de laisser un peu plus le feeling parler. Les stats peuvent te dire quelque chose, mais le ressenti personnel doit parfois primer, pour ne pas avoir de regrets.
Enfin, dernière chose et la plus importante, sans vouloir faire la « mémère moralisatrice » : on joue avec modération. J'ai eu beau tremper dans ce domaine, je n'ai jamais compris ceux qui allouent un budget aux paris. Ce n'est pas ma conception des paris sportifs. Il faut rappeler aux plus jeunes que cela doit rester un plaisir et non pas devenir une addiction nourrie par l'appât du gain. Les pubs des sites de paris sportifs visent clairement les jeunes et les incitent à jouer : ça fonctionne et ça m'effraie réellement.

Nadim *alias* Nou raconte avec sa passion l'aventure Pronosoft, le logiciel n° 1 d'aide aux parieurs de grilles.

Comment avez-vous eu l'idée du site et du logiciel Pronosoft ?
Je me suis mis à jouer au Loto Foot, très tôt, dès mon arrivée en France à l'âge de 14 ans en 1986. À l'époque, on pouvait trouver des « formules papiers » pour faire des systèmes réduits (par exemple, le 4 triples en N-1 à 9 €, le 7 doubles N-1 à 16 €, etc.).

Je me suis mis à utiliser ces formules mais les erreurs de recopies étaient nombreuses et faisaient perdre un temps fou malgré le peu de grilles à recopier. Il fallait faire attention au numéro du match, à transformer le double 1N de la formule dans le double que l'on voulait réellement jouer (par exemple, N2 ou 12), etc.
J'ai donc eu l'idée en 1997 de me coder un petit logiciel pour m'aider dans mes recopies de grilles. Logiciel que j'ai baptisé PronoFoot Expert et que j'ai décidé de diffuser dès ses débuts sur ce qu'on appellerait aujourd'hui un blog.
Afin d'augmenter la visibilité du logiciel et d'attirer quelques fans de Loto Foot, je décide de créer le site Pronosoft.com début 2000 et de l'enrichir avec des pronos sur les grilles, quelques stats ainsi qu'un petit concours de pronos. C'est comme ça que l'aventure a commencé !
Le logiciel PronoFoot Expert Plus (sorti en 2003 et avec une architecture plus ouverte que celui de 1997) s'est vendu à des milliers d'exemplaires et existe maintenant dans une version light sur smartphone (baptisé PronoFoot 1N2).
Le site quant à lui s'est bien développé (avec un pic à 300 000 visiteurs uniques jour en 2015), tout comme l'appli Pronosoft qui rassemble aujourd'hui 250 000 utilisateurs par jour !

Quels sont selon les avantages et les inconvénients des paris sportifs en point de vente physique ?
C'est un grand débat. Je suis un adepte des paris en point de vente pour une simple et bonne raison : le Loto Foot n'existe qu'en point de vente ! Celui qui permet de toucher de gros pactoles à plus d'un million d'euros. Certes, il y a les grilles Winamax qui concurrencent un peu le Loto Foot 7 de la FDJ, mais en ce qui concerne le 14 ou le 15, « on est obligé de se déplacer ».
Pour les paris à cotes, l'offre est en général plus large et avec de meilleures cotes sur les bookmakers en ligne. Si l'on sait bien gérer son argent et que l'on n'a pas peur de « tilter » en cas de mauvais coup, les books en ligne peuvent être intéressants. Si on a peur du tilt, ou que l'on souhaite toucher des gains en espèces quasi-instantanément, ou encore si on préfère cacher son activité de parieur à son banquier, alors « le tabac » est préférable.

Les grilles, *via* un logiciel, comment ça marche ? Quels sont ses avantages ?
Le logiciel PronoFoot Expert apporte une nouvelle façon de jouer au Loto Foot. Sur le Loto Foot 15, il est utopique de penser que l'on peut gagner avec quelques euros. Autant jouer à l'EuroMillions. Donc avec un certain investissement, on peut optimiser ses chances de gains. Un mauvais pronostiqueur ne gagnera pas plus avec que sans logiciel. Mais un bon pronostiqueur, voire un bon statisticien, aura un outil entre les mains qui lui permettra de faire un pronostic en adéquation avec la réalité du football où des surprises se produisent tous les week-ends, même quand les premiers se déplacent chez les derniers !
Ainsi le logiciel va permettre de cocher plusieurs surprises en même temps tout en demandant un minimum de résultats logiques. Par exemple, 4 favoris vont affronter 4 équipes à leur portée. Il est possible de demander au minimum 2 victoires de favoris sur ces 4 rencontres et ainsi réduire le nombre de combinaisons à jouer (donc de réduire le coût du jeu).

Un autre concept du logiciel est le principe de réduction en garantie N-1 (et N-2 voire N-3). Cela peut paraître barbare et ce n'est pas forcément simple à expliquer. Mais ça part du principe que plutôt que de viser le sans-faute, on va viser le deuxième rang de gains (N-1) qui peut être également très intéressant, sans pour autant faire un trait sur le premier rang. On peut ainsi diviser le coût du jeu par 10 et donc cocher encore plus croix et de surprises.
Pour rappel, plus il y a de surprises sur un Loto Foot, plus les gains seront importants puisque les cagnottes se partagent entre tous ceux qui auront les bons résultats.

Quels conseils donnerais-tu à un nouveau parieur Loto Foot ? Et à un parieur expérimenté ?
Pour un nouveau parieur au Loto Foot 15, je dirais que le maître-mot est la patience. C'est un jeu ingrat et il faut attendre de nombreuses années pour « attraper » un 14 ou un 15 digne de ce nom.
Le piège, quand on débute, c'est d'aller vers la facilité qui est de cocher la logique et de couvrir les matchs équilibrés. Avec le temps, on se rend que ce n'est pas la bonne stratégie et que, au contraire, il faut prendre un maximum de risques, ou tout du moins trouver un juste milieu.
Quitte à perdre, autant perdre avec des possibilités de toucher le gros lot !
Pour les parieurs expérimentés, ce sera difficile de les conseiller même si on progresse toujours aux paris sportifs et au Loto Foot, à n'importe quel âge. Il faut sans cesse se remettre en cause et revoir sa façon d'élaborer son pronostic.
Après une année très particulière avec des matchs tous les trois jours et cinq changements possibles dans la plupart des championnats, il faut encore et toujours adapter ses pronos, intégrer le facteur fatigue et surveiller de près les joueurs touchés par le virus. Et en parlant de conseils, j'essaie de rester accessible *via* notre Forum Pronosoft ou encore sur Twitter pour répondre aux questions que ce soit sur les paris sportifs en général ou sur notre logiciel !

**Brunella Emmanuelli est une jeune entrepreneuse de choc…
et une vraie passionnée de sports.**

Est-ce que tu paries ? Comment et en suivant quel process analyses-tu un match de basket, ta passion ?
Ma passion du basket est née d'une histoire d'amour avec un fan de NBA.
Il m'a communiquée sa passion et je suis devenue une passionnée à mon tour. Je suis partie faire mes études à New York et là, je suis devenue accro et plus particulièrement aux New York Knicks. Je n'ai pas vraiment de process pour parier, c'est sûrement complètement contraire aux règles du pari sportif mais je fais ça très spontanément : quand un match me plaît ou que j'ai envie de voir un gros joueur scorer, alors je peux avoir envie de miser sur lui. Je joue au feeling le plus souvent mais il m'est arrivée d'avoir de belles surprises !

Comment bien parier sur le basket ?
L'avantage du pari sportif dans le basket, c'est que ça touche à un sport que je connais déjà. Je ne pense pas que le basket soit l'un des sports les plus durs à pronostiquer ; en revanche, sur le long terme, il oblige à développer une analyse, à connaître parfaitement

les équipes sur lesquelles on souhaite parier, etc. L'inconvénient ? Ça peut vite devenir addictif !

Quel conseil donnerais-tu à des futures parieuses ?
Ne le prenez pas mal mais je crois très fort au sixième sens féminin.
Je me considère comme parieuse occasionnelle et mon instinct a souvent été une belle surprise. Je dirais aux femmes qui veulent se lancer de suivre leur instinct pour leurs premiers paris ; mais l'intuition a ses limites et la culture du sport est primordiale pour continuer et développer un réel plaisir pour parier sur un match de basket. Il y a les joueurs, mais aussi les objectifs des rencontres, les rivalités à prendre en considération. Tout cela rend le pari encore plus excitant.

Quel est ton plus beau souvenir de parieuse ?
L'un des résultats qui m'a le plus marqué, c'est mon premier pari, celui sur mon équipe, les Knicks de New York ! Qui dit premier pari, dit souvent pari du cœur alors, après une série de défaites, ils ont rendu honneur à mon pari en gagnant leur match ce soir-là ! Un pari gagnant, avec une saveur particulière, qui m'a particulièrement motivée à continuer de temps en temps.

Pauline Marty est une vraie dingue de football et de paris sportifs.

Pourquoi paries-tu ?
Par plaisir ! Bien sûr, on joue pour essayer de gagner un peu d'argent mais je ne joue pas seulement pour cette raison.
Le jeudi ou le vendredi, j'adore me poser et me demander sur quel match je vais pouvoir parier aujourd'hui.
Il y a aussi une part d'analyses dans les paris que j'adore ! Et comme j'ai tendance à regarder beaucoup de matchs, je connais les formes du moment, quel joueur marche mieux, qui est en réussite… et je me sers de ça pour parier la semaine d'après.

Comment repères-tu les cotes ou les matchs que tu veux jouer ?
90 % de mes paris concernent le football, le reste, c'est rugby et basket mais c'est devenu très rare. Je parie vraiment sur le foot parce que c'est le sport que je suis le plus, principalement la Ligue 2 cette saison, ensuite vient la Premier League, la Bundesliga et la Ligue des Champions.
Dans un premier temps, je regarde les matchs du week-end, et si je sens un résultat de match je pose dessus, sinon je pars soit sur les buteurs, soit sur les écarts entre les équipes. Je trouve que c'est dur en Ligue 2 de poser sur un résultat.
Donc poser sur les buteurs, c'est mon kiff, je trouve que les cotes sont super intéressantes en plus pour poser en paris simples.

Quel conseil donnerais-tu à une femme qui n'aurait jamais parié ?
Qu'elle saute le pas ! C'est que du plaisir. Puis, surtout, il n'y a pas besoin d'avoir des grosses sommes d'argent pour jouer. Pour débuter, je conseille de jouer avec des petites sommes, 5 € ou 10 € et croyez-moi, même en posant ce qui peut paraître peu, le pari en reste tout aussi excitant !

Il ne faut pas chercher à faire des tickets avec des cotes mirobolantes non plus (à mes débuts, je me suis souvent brûlée les ailes à vouloir être trop gourmande), il y aura très peu de chances que ça passe. Il faut aller au plus simple, et même si on a l'impression de ne pas gagner énormément, cette opération répétée plusieurs fois fera augmenter le bénéfice. La réussite dans les paris ne se fait pas sur un ticket, et il faut être patient. Jouer simple, réfléchi et ne surtout pas vouloir poser sur son équipe, c'est la règle à éviter, on peut manquer d'objectivité, et on ne regarde pas le match du même œil. Et je trouve que ça rajoute du stress en plus dont on n'a pas besoin quand on est supporter et qu'on est devant le match de notre équipe !

Sam Foot X, c'est la chaîne YouTube du foot au féminin. Une influenceuse qui adore parier !

Pourquoi joues-tu ?

J'ai un tempérament de gagnante, j'aime le challenge, et je reconnais que plus que tout, j'aime avoir raison ! Gagner un pari, c'est comme avoir eu raison. Avoir fait confiance à son intuition, à sa réflexion et à son analyse. Je ne joue pas quotidiennement (sauf en cas de grande compétition) mais je joue chaque semaine et surtout le week-end. Les paris m'apportent une excitation supplémentaire, de l'adrénaline et de l'intensité durant les matchs. Ils agrémentent et pimentent mes week-end foot.

Comment repères-tu les cotes ou les matchs que tu veux jouer ?

Je reconnais que j'ai un peu de flair pour repérer de très belles cotes.

Avec ma team, nous avons d'ailleurs décidé de renommer mon concept de vidéo d'avant-match (vidéo dans lesquelles je donne des pronostics) « *Sam à la cote* » !

Je prends souvent beaucoup de temps pour analyser les probabilités, l'état de forme de l'équipe et des joueurs.

Après il faut avoir un peu d'audace et prendre des risques pour aller sur une grosse cote et suivre son intuition. Pour ma part, c'est souvent payant, notamment lorsque je parie en Live.

Quels sont tes souvenirs de paris les plus marquants ?

La belle histoire, c'était à mes débuts de parieuse, pendant la Copa America 2011.

J'avais décidé de me constituer une bank avec seulement 5 € pour toute la compétition. Je m'étais jurée de ne pas ajouter un centime de plus même en cas de perte dès le premier match. J'ai suivi chaque match. J'ai parié 5 € en live sur un buteur lors du premier, puis j'ai remisé mon gain de 22 € sur le match suivant, puis encore sur des paris en live et ainsi de suite. Au final, j'ai récolté 876 € et je n'étais pas peu fière !

La grosse poisse, c'était l'un de ses tickets incroyables qu'on fait lorsqu'il nous reste 2 € qui trainent. On se dit : « Allez, je vais tenter un ticket totalement fou. » C'est ce que j'avais fait, j'avais sélectionné 12 matchs avec des cotes énormes. Avec mes 2 €, je pouvais gagner 22 300 €. J'avais donc mes 12 matchs dont le fameux « match de trop » celui qui comme par hasard a la plus petite cote de l'ensemble.

Croyez-le ou pas, tous les matchs fous passent. Il n'en reste qu'un, ce petit match avec le Real qui affronte Dortmund à domicile. À la 53e minute, le Real mène 2-0 face au Borussia, grâce à un doublé de Benzema. Les 22 000 € me tendent alors les bras. Mais Aubameyang décide de me tendre, et pas les bras, en marquant le but du 2-1 à la

60e minute. Je suis définitivement tendue, sur les nerfs, quand Marco Reus offre l'égalisation à la… 88e ! Il reste alors 2 minutes dans le temps réglementaire et quelques minutes de temps additionnel.
Mes potes sont tout autour de moi, nous ne croyons pas à cette poisse monumentale : « T'inquiète Sam, le Real va marquer à la toute fin, ce n'est pas possible, ils doivent finir 1er de leur groupe, ils ne vont pas laisser la place à Dortmund. » Les minutes s'égrènent, les secondes défilent comme les gouttes de sueurs sur nos fronts. Le coup de sifflet final retentit et tombe comme un couperet.
J'avais tenté d'y croire jusqu'au bout mais ce petit match « en trop » m'a privé d'un ticket gagnant d'exception.
J'en ai encore un gout amer aujourd'hui, et j'ai attendu cinq ans avant de parier de nouveau sur le Real !

Quel conseil donnerais-tu à un nouveau parieur ? À un parieur expérimenté ?
Déjà, les personnes qui ont un comportement à tendance addictive devraient éviter de se lancer dans les paris. Il faut être raisonnable, accepter de perdre, ne pas insister lorsque l'on perd un ticket. Il faut absolument se fixer des limites dès le départ et s'y tenir (tous les sites de paris proposent de fixer ses limites lors de l'inscription). Aussi, je conseille de ne pas miser gros. Je reprends souvent l'exemple de mon petit périple gagnant lors de la Copa America. Jouer des petites sommes, empocher des petits gains, les rejouer pour empocher un peu plus et profiter de ce cercle vertueux sans remettre la main au porte-monnaie. Je pense que le conseil le plus pertinent, c'est d'essayer de ne pas être trop gourmand.
Quand on fait son ticket, il ne faut pas avoir les yeux rivés sur l'argent que cela peut rapporter. Ce qu'il faut, c'est penser à la cohérence du ticket : ne pas mettre trop de matchs, ne pas mettre des paris totalement fous à la suite pour tripler ou quadrupler les gains : c'est comme jeter son argent par les fenêtres. Il faut jouer malin.
Je conseille surtout de garder en tête qu'il s'agit d'un jeu d'argent. Comme tous jeux et toutes activités payantes, le pari sportif doit donc rester un passe-temps occasionnel, au même titre qu'aller boire un verre.

Marion Aydalot, journaliste à Europe 1, nous rappelle quelques règles de base des paris sportifs.

En tant que journaliste, peux-tu nous confirmer que les informations dont tu disposes peuvent changer la donne sur le résultat d'un match ?
C'est évident, la psychologie est la chose la plus importante dans ce sport, surtout pour faire un bon pronostic. Souvent j'entends, « l'important, c'est le terrain » mais le terrain n'est rien si on ne regarde pas l'ambiance dans le vestiaire, l'expérience et le talent du coach, la psychologie des cadres, la mentalité des jeunes, le staff médical, l'attente des supporters et des journalistes. Il est plus difficile pour un joueur jeune de prouver son talent dans un club avec beaucoup de pression.
Tous ces paramètres doivent rentrer en ligne de compte pour faire un bon pronostic. Quand on a une info sur l'état d'esprit d'un buteur, ça nous donne obligatoirement une information importante pour faire un bon pronostic.

Quel est ton rapport avec les paris sportifs ? Suis-tu beaucoup ton intuition ?
J'aime bien l'idée des paris sportifs. Bien sûr, ça me fait vibrer, et ce business est exceptionnel en France. Lors de la Coupe du Monde 2018, quand j'ai vu la préparation des Brésiliens, je me suis dit : « Cette année, c'est pour la France. » Beaucoup de gens voyaient la Belgique remporter la compétition mais je n'y ai jamais cru... La Belgique avait une défense discutable et un milieu moyen, la France était exceptionnelle à tous les postes et, surtout, la France avait le meilleur sélectionneur du Monde. Je ne voyais pas l'Allemagne aller loin. Je me souviens l'avoir dit à Europe 1 et, sur le plateau, tout le monde m'a regardé éberlué... Je crois que pour réussir un pronostic, il ne faut pas suivre son cœur et ses émotions mais observer les faits.

Pourquoi t'appelle-t-on Madame Irma ?
Madame Irma ?! C'est Nabil Djellit (journaliste à *L'Équipe*) qui m'avait surnommée comme ça à Europe 1, et de manière très prétentieuse et humoristique, j'ai gardé ce surnom ! Pourtant, il m'arrive de me tromper, surtout cette saison lors de Lorient-PSG j'avais pronostiqué 1-5 alors que le score final fut... 3-2.

La blogueuse et influenceuse Chiara (@aboutchiara_) aime la mode, les cocktails et les bons restos... mais aussi les paris sportifs.

Quand paries-tu ?
Par période, quand l'envie me prend ! Je télécharge à nouveau mes applications préférées puis je parie ! J'adore également aller au Casino de temps à autre, mon jeu préféré c'est la roulette.

D'où te vient cette passion ?
Cela m'est venu il y a maintenant 5 ans je pense, un ami s'y était mis, du coup on a fait ça à deux. C'était devenu une vraie activité, on pariait tous les soirs, on s'était inscrit sur une dizaine de de sites de conseils « pronos ».
Moi qui ne suis pas particulièrement le foot, ça me donnait envie de regarder tous les matchs et je les vivais tous intensément. C'est fun. Ça rajoute du piment même si on mise que 10 €.

Un conseil aux jeunes parieurs ?
Faire ça en s'amusant ! Commencer en misant peu sur des match « fiables », bien s'entourer pour les paris et...laisser faire le jeu !

Tableau de corespondance entre Handicap et Écart

Handicap	Écart de points ou de buts
- 4.5	Équipe 1 gagne de 5 ou +
- 3.5	Équipe 1 gagne de 4 ou +
- 2.5	Équipe 1 gagne de 3 ou +
- 1.5	Équipe 1 gagne de 2 ou +
- 0.5	Équipe 1 gagne de 1 ou +
+0,5	Équipe 2 ne perd pas
+1,5	Équipe 2 ne perd pas ou perd de 1 exactement
+2.5	Équipe 2 ne perd pas ou perd de 2 exactement
+3.5	Équipe 2 ne perd pas ou perd de 3 exactement
+4.5	Équipe 2 ne perd pas ou perd de 4 exactement
...	...

Conclusion

Te voilà désormais bien équipé pour pouvoir parier sereinement avec ce kit du parieur responsable. Parier gagnant, c'est parier mieux, moins souvent, de manière réfléchie. N'oublie pas que les jeux d'argent doivent être pris au sérieux, et les paris sportifs ne dérogent pas à la règle. Nous l'avons maintes fois répété, et on te le répète encore : ne joue que ce que tu peux te permettre de perdre, gère ta bank « en bon père – ou mère – de famille », et ton expérience des paris sportifs n'en sera que meilleure.

En suivant les recommandations du livre, tu as désormais toutes les cartes en main pour jouer gagnant grilles et paris sportifs. Avec de bonnes informations, des sélections pertinentes de paris et des mises bien ajustées, il ne te reste plus qu'à attendre le dénouement des événements sportifs, sans stress...ou presque !

Amuse-toi, parie malin, et surtout n'oublies pas de vibrer avec les exploits sportifs de tes équipes et de tes champions préférés.

N'hésite pas à nous commenter ta vie de parieur sur notre « Insta » two.forthebets, on sera très heureux de pouvoir continuer à échanger avec toi et te proposer d'autres conseils.

Remerciements

Remerciement à mes fils (mes moteurs), mes parents qui m'ont donné les valeurs, ma sœur et mon frère, Sandra, ma meilleure amie Laury, mes amis de 30 ans d'Enghien, mes amis rencontrés en cours de route, mes rencontres enrichissantes de Twitter, notamment Guy Sitruk, David Bellaiche et pour finir... Mickaël Grall.

Hervé Cohen

TABLES DES MATIÈRES

PARTIE 2 : APPRENDRE À GAGNER

GAGNER GRÂCE AUX PARIS

GAGNER GRÂCE AUX GRILLES

POUR ALLER PLUS LOIN : LES INTERVIEWS

58, rue Jean Bleuzen – 92178 Vanves Cedex

Direction : Catherine Saunier-Talec
Responsable éditoriale : Lisa Grall
Principe de maquette et couverture : Nicolas Gallois
Mise en page : Nord Compo
Fabrication : Amélie Latsch

Dépôt légal : Juin 2021
29-2554-8
ISBN : 978-2-01-945873-7

Imprimé en Espagne par Macrolibros

L'éditeur utilise des papiers composés de fibres naturelles, renouvelables, recyclables et fabriquées à partir de bois issus de forêts qui adoptent un système d'aménagement durable. L'éditeur attend également de ses fournisseurs de papier qu'ils s'inscrivent dans une démarche de certification environnementale

PAPIER À BASE DE FIBRES CERTIFIÉES

hachette s'engage pour l'environnement en réduisant l'empreinte carbone de ses livres. Celle de cet exemplaire est de :
850 g éq. CO_2
Rendez-vous sur www.hachette-durable.fr